U0972482

附赠地图

捷克

德国梅尔杜蒙公司 编著
陈韵雅 孙雪晴 译

北京出版集团公司
北 京 出 版 社

书名原文：Tschechien
© MAIRDUMONT GmbH&Co.KG, Ostfildern

图书在版编目（CIP）数据

捷克 / 德国梅尔杜蒙公司编著 ；陈韵雅，孙雪晴译．—北京：北京出版社，2018.5
书名原文：Tschechien
ISBN 978-7-200-14057-6

Ⅰ．①捷… Ⅱ．①德… ②陈… ③孙… Ⅲ．①旅游指南—捷克 Ⅳ．①K952.49

中国版本图书馆CIP数据核字（2018）第085242号

图　字：01-2018-0483号　　审图号：GS（2018）1271号

责任编辑：黄雯雯
执行编辑：王若凡
封面设计：赵　甜
责任印制：武绽蕾

捷克
JIEKE
德国梅尔杜蒙公司 编著
陈韵雅 孙雪晴 译
*
北京出版集团公司
北京出版社　出版
（北京北三环中路6号）
邮政编码：100120
网　址：www.bph.com.cn
北京出版集团公司总发行
新华书店经销
天津市银博印刷集团有限公司印刷
*
787毫米×1092毫米　32开本　4.375印张　150千字
2018年5月第1版　2018年5月第1次印刷
ISBN 978-7-200-14057-6
定价：49.00元
如有印装质量问题，由本社负责调换
质量监督电话：010-58572393

来自德国的问候

预祝您拥有一个美好假期！

亲爱的读者：

或许您会问自己，为何您买了一本德国而非本国制作的旅行指南？但请放心，您已经为此做出了一个正确而又明智的选择。

在2012年中国取得全球旅行冠军之前，该头衔一直由德国保持。对于德国这样一个“小国家”来说，这是令人惊叹的！原因可能是，自1950年开始，旅行的梦想对于广大的德国人来说开始变得更为现实。因此，梅尔杜蒙在与北京出版集团的合作中茁壮成长。

“梅尔杜蒙”的故事是一个了不起的故事，从充满冒险的旅程到成为家族的旅行事业，直至今天已传承三代，现由创始人的孙女继续领航这一成功之旅。如今的“梅尔杜蒙”已是欧洲旅游产品领域遥遥领先的品牌。

手握这样一本旅行指南，您可以高枕无忧。请您相信，无论您要去的是世界的哪个地方，梅尔杜蒙近百年的专业经验以及适合中国旅行者的本土化信息，都可以帮您更精确地了解旅行目的地。

请您开始一段全新的奇遇之旅吧！

这本书会是一个随时陪伴您的伙伴，预祝您有一段充满新的发现和希望的完美旅程！

中国作者

孙凯迪

孙凯迪现EMTM在读，摄影师、自由撰稿人，走过55个国家。她曾穿越罗布泊、穷游东南亚、独闯印度、浪迹北非，现旅居欧洲。她善于从旅游管理专业视角看世界。当人们专注美食的时候，她却在审视餐厅的地理位置、布局采光、服务质量，了解食物原材料的产地和招牌菜的理念，甚至连墙壁上粉彩画的背景故事也要深挖到底。口碑、底蕴、创意，对她而言都是“看不见的美食”……愿作为旅游行业的无名小卒在某个角落发光发热。

德国作者

基利安·基尔希格斯纳（Kilian Kirchgeßner）

基利安自2005年起在捷克担任驻外记者，他为多家媒体进行社会、政治和经济方面的报道。因调研之需，他常常在捷克四处旅行，拜访北波希米亚地区最后的僧人或遥远东部的林业工人。尽管熟知捷克的每个角落，他却总能发现新鲜奇特的事物。

梅尔杜蒙的故事

希尔德（Hilde）和库尔特·梅尔（Kurt Mair）是为旅行而生的。早在20世纪20年代第一次世界大战刚刚结束时，他们就驾驶着汽车或者摩托车穿梭在欧洲大陆上。漏气的轮胎、过热的冷却机、失灵的刹车，这些都无法阻挡他们前进的步伐。那时有很多我们今日无法想象的场景，甚至没有一张地图！即使是这样，连撒哈拉大沙漠也无法阻挡梅尔夫妇的冒险之旅。同样他们也会做测绘之旅，这些被探测的路况信息会被精确地整理和保存。第二次世界大战结束后，1948年，库尔特·梅尔成立了公司，路书和地图册是他们的主营产品。库尔特·梅尔离世后，他时年26岁的儿子福尔克马尔（Volkmar）继承并领导这个企业，为今天的梅尔杜蒙集团打下了基石，使集团成为一个全球性的媒体集团，其在全球拥有多家办事处，员工380名，年销售额约1亿欧元。

今日的梅尔杜蒙集团不仅提供地图，旅行指南、旅行画册、旅行冒险和电子产品构成了集团丰富的产品组合。在中国，梅尔杜蒙与北京出版集团于2014年成立了合资公司，开始服务于中国旅行者日益增长的需求。

捷克

图标

当地锦囊 当地锦囊

★ 必游景点

●●●● 体验捷克

远眺点

适合环保、生态旅游

(*) 拨打需付费的电话号码

酒店（不含早餐的双人房）

€€€ 100欧元以上

€€ 70~100欧元

€ 70欧元以下

餐厅价格（不含酒水的正餐）

€€€ 20欧元以上

€€ 8~20欧元

€ 8欧元以下

信息检索

捷克历史年表→P.10
特色美食→P.30
口福乐→P.68
它们值多少钱→P.127
书籍/电影→P.128
布拉格天气→P.130
货币汇率→P.131

地图标注

（折页A－B 2－3）：折页地图上的位置

（折页a－b 2－3）：折页地图中附加地图上的位置

欢迎来到捷克

捷克是一个王国——一个宫殿和城堡的王国，一个湖水清澈、山丘平缓的王国。走在捷克蜿蜒穿过波希米亚和摩拉维亚的道路上，就会不由自主地放慢脚步。这里有太多事物值得探索，因此总想停下来沉浸其中。

美好的自然景观是捷克的一大财富，这里遍布自然公园和保护区。有着典型的四方形集市区域的历史城在捷克随处可见。当然，还有古老的贵族府邸——真正的贵族和富豪早已知道，波希米亚（Bohemia）和摩拉维亚（Moravia）是相当宜居的地方。捷克的中心毫无疑问就是布拉格，它一直是国王和皇帝的据点，俗世和教会的权力都集中于此。不过首都也并非唯一值得参观的地方，尽管很少有来捷克游玩的游客不想在查理大桥（Karlův Most）上漫步或登上城堡区（Hradčany）。西部就有卡罗维发利（Karlovy Vary）、玛丽亚温泉市（Mariánské Lázně）和弗朗齐歇克矿泉村（Františkovy Lázně）形成的浴场三角，在过去的几个世纪里，诗人和君主常在此避暑。捷克克鲁姆洛夫（Český

上图：卡罗维发利的浴场区

在布拉格的生命线——伏尔塔瓦河边稍作休息，可以看到查理大桥和小城的远景

Krumlov）——南波希米亚的哥特式珍珠，从这里的宫殿向外望去，可以望见曲折的古城小巷和伏尔塔瓦河（Vltava）的数道转弯。抑或是利托米什尔（Litomyšl）——作曲家贝多伊齐·斯美塔那（Bedřich Smetana）的出生地，它为数代艺术家带来了灵感。克罗梅日什（Kroměříž）——摩拉维亚的主教驻地，有着华美的公园和迷人的内城。奥洛莫乌茨（Olomouc）也值得游览，这里曾经是摩拉维亚地区的中心，它的恢宏气势至今还令每位游客深深着迷。兹诺伊莫（Zno-

1348年 布拉格查理大学在布拉格成立，是中欧第一所大学。

1355年 波希米亚国王查理四世（Karl IV.）成为神圣罗马帝国的皇帝。

1415年 改革者扬·胡斯（Jan Hus）被当作异教徒烧死，波希米亚动荡不安，战乱不断。

1526年 斐迪南一世（Ferdinand I.）成为波希米亚国王。哈布斯堡（Habsburg）王朝统治开始。

1583年 鲁道夫二世（Rudolf II.）带来艺术与科学上的繁荣时代。

jmo）和米库洛夫（Mikulov）这两座历史悠久的葡萄酒之城坐落在奥地利边境，是中欧几大葡萄压榨工厂的所在地。

欧洲历史的痕迹随处可寻。

首先，辉煌的欧洲历史在捷克各处留下痕迹。几个世纪以来，波希米亚和摩拉维亚都是哈布斯堡王朝的组成部分。20世纪初，捷克是世界上极富有的国家之一。这里的工业繁荣昌盛，文化舞台也是全欧洲最活跃的。它对于建筑师、作家和成长中的艺术家，就好像一块磁铁：作家弗朗茨·卡夫卡（Franz Kafka）曾住在布拉格，青春艺术的代表阿尔丰斯·穆夏（Alfons Mucha）是捷克人，当然还有大作曲家贝多伊齐·斯美塔那和安东尼·德沃夏克（Antonín Dvořák）。这个光辉的时代持续到了20世纪30年代，如今，这段光荣岁月的印记仍随处可寻。现在捷克已成为一个现代国家，而且经济还在迅猛发展。

人口千万的捷克国土仅略微大于德国的巴伐利亚州（Bayern），它的腾飞归功于传奇般的“黄金手”：捷克以其手工艺的精湛和创新性闻名于世，并且凭借

1620年 白山战役：哈布斯堡王朝的影响扩大。

18世纪末 提出成为主权国家的要求。

1918年 捷克斯洛伐克（Tschechoslowakei）建立。

1938年 《慕尼黑协定》（*Münchner Abkommen*）：捷克斯洛伐克解体。

1939年 德国进军捷克。

1945年 开始驱逐苏台德的德国人。

它实现了经济上的赶超。按人口比例来看，欧洲没有任何地方拥有这么多小公司和小企业。大学在诸如信息科学和工程学的高需求领域培养出了高质量的人才，为捷克未来的技术发展做好了准备。

> 捷克人神奇的幽默感黑色而讽刺。

那么捷克人的性格如何呢？最突出的当属他们神奇的幽默感，黑色而讽刺。雅洛斯拉夫·哈谢克（Jaroslav Hašek）将这一点表现在其著名小说中的人物“好兵帅克”身上。不久前，这里举行了一场“最伟大的捷克人”的选举，得票最多的是雅拉·齐默尔曼（Jara Cimrman）。这是一位虚构人物，由共产主义时期的两位演员创造，象征着捷克人被压抑的欲望。他确实成了捷克的传奇，每个捷克人都一同认真地塑造着这个传奇。“他是那个时代一位伟大的戏剧家、诗人、音乐家、教师、世界环游者、哲学家、发明家、科学家、侦探和运动员”，这是人们对雅拉·齐默尔曼的评价。如果仔细观察，您总能在捷克的房屋外墙边找到纪念碑和半身雕像，证明雅拉·齐默尔曼曾经在此留宿；有时也能在咖啡厅和餐厅座位上找到牌子，表示雅拉·齐默尔曼曾光临这家店并坐在这里。

有一个传说但并非想象的产物：“捷克先祖”——捷克史上的一位神话人物。他带领人们穿过欧洲寻找适合的居住地，他曾在波希米亚的里普山（Říp）上停留，望向四周明媚动人的小山，喊道：“我们到了，这里什么都不缺！”捷克人如今还时常拿这句话开玩笑，他们眨着眼叹息道：“要是他再走远点就好了，那样我们就会又有海又有沙滩！”但是抛去这些抱怨，

> 周末时几乎每个人都外出郊游。

捷克人非常热爱他们的祖国，并且喜欢交友，周末时几乎所有人都在外城市环游、徒步旅行或者去挑战攀岩。目的地的选择也丰富多彩：一边是藏有欧洲顶尖艺术品的地方博物馆，一边是酿造欧洲顶级啤酒的清凉地窖，随时为好奇之

1948年 共产主义力量上台。

1968年 布拉格之春：8月的自由主义运动失败。

1989—1990年 丝绒革命（Samtene Revolution）：共产主义统治结束。

1993年 捷克和斯洛伐克成为独立国家。

2004年 加入欧盟，2007年加入申根区。

2015年 比尔森成为欧洲文化之都。

站在鲁道夫石上，便能欣赏捷克瑞士的景色

人敞开大门；喜欢运动的人能够轻易找到有路标的骑行和徒步道路，不管是在南边的波希米亚林山（Šumava）、北边的克拉科诺谢山（Krkonoše）、东边的贝斯基德山（Beskydy）还是摩拉维亚的喀斯特地区；湖上可以乘帆船，如波希米亚林山山麓地区的利普诺（Lipno）堰塞湖和布拉格以南半小时路程处的斯拉皮（Slapy）水库；厄尔士山脉（Krušné Hory）和捷克瑞士（České Švýcarsko）的攀岩石则是精彩的冒险地。在捷克天堂（Český Ráj）这光听名字就有探索欲望的地方遍布奇石，立于山丘之上，被壮观的奇石和古堡废墟环绕，您会觉得这个名字当中隐藏了一些秘密。

喜欢运动的人一定不会觉得无聊。

捷克如此丰富多彩，每个人都能找到令自己兴奋的事物。这就是一个王国该有的样子。

当地锦囊

从所有的当地锦囊中，我们为您挑选出了15条最棒的旅行建议。

当地锦囊 治愈的华夫饼

最细腻的味觉体验：享受波希米亚的水疗时一定要搭配细腻的坚果馅薄饼，您可以在小吃摊上买到新鲜出炉的薄饼。→ P.40

当地锦囊 在地下

银矿储备给库特纳霍拉带来了财富。时至今日，在“地下世界之旅”中仍然能够感受到当年开采工作的艰辛。→ P.59

当地锦囊 像斯美塔那一样休息

古典爱好者请注意：捷克国宝级作曲家贝多伊齐·斯美塔那的居室如今可供出租使用，它紧挨着利托米什尔的宫殿。→ P.49

当地锦囊 酿造厂中的水疗

在酿酒厂旁，跳进装满啤酒的浴盆——在霍多瓦普拉那就有这样的水疗。→ P.53

当地锦囊 在宫殿地下品酒

在米库洛夫附近的葡萄酒之都瓦尔季采，您可以了解到南摩拉维亚的葡萄种植传统。→ P.90

当地锦囊 在霍多城堡上

多马日利采的城堡博物馆中展示了霍多族人的习俗与传统。→ P.78

当地锦囊 前城浴场中的艺术

利贝雷茨的地方美术馆中展出了20世纪捷克艺术的重要藏品。→ P.43

当地锦囊 可以吃的耳朵

“Štramberské Uši”（什特兰贝尔克耳朵）是一种用擀过的、类似胡椒蜂蜜饼的饼干撒上杏仁或榛子做成的美味，它们看起来确实很像耳朵（上图）。→ P.95

当地锦囊

原始波希米亚的源泉

国家公园的中央是伏尔塔瓦河的发源地，这条河对于捷克人来说有着重要的意义，它也被永远地记录在了贝多伊齐·斯美塔那交响曲中。伏尔塔瓦河的发源地与它的流经地一样值得一看：围绕着它的波希米亚林山相当壮丽（下图）。→ P.108

当地锦囊

在囚徒的地道里

布尔诺的要塞斯皮尔贝格城堡地下的炮塔迷宫曾是哈布斯堡王朝最坚固的监狱。→ P.85

当地锦囊

电梯里的办公室

空中老板：大约100年前，兹林的波希米亚鞋业大亨托马斯·巴特阿将办公桌安在了玻璃电梯里，这样他不用起身就可以监督工厂里的工作。→ P.88

当地锦囊

从水路体验摩拉维亚地下世界

乘小船进入庞克维尼石窟的魔法世界，欣赏奇异的钟乳石、无数的岩洞和通道。→ P.87

当地锦囊

文艺复兴之梦

穿越到文艺复兴时代：小城斯拉沃尼采有3 000人口。魔法般的中心区域几千年以来旧貌未改。→ P.97

当地锦囊

世界纪录之城

6月的第二个周末，佩尔赫日莫夫的选手们便开始挑战世界纪录。→ P.122

当地锦囊

森林中的艺术品

巴洛克雕塑家马蒂亚斯·贝恩哈德·布劳恩给库克斯附近的奇石赋予了面孔，将岩石做成雕像。今天，有一条步行道途经他的雕塑杰作。→ P.39

体验捷克

免费畅游

既省钱，又能发现新事物

省钱有道

● 享受震撼美景

独特的陡峭岩石是捷克天堂的标志。前往最热门的普拉科沃斯克岩是要花钱的，但是赫鲁巴斯卡拉城堡附近的壮观景色却可以免费欣赏。→ P.38

● 炼金术师的足迹

白天参观布拉格的黄金小巷是收费的，但是到了大约19:00以后，就可以直接进入。尽管这个时候已经不能进入房子内部，但是这里没有了成群的游人时显得更加富有诗意。→ P.62

● 畅饮卡罗维发利的水

涌流的水源是卡罗维发利最重要的景观之一。大多数客人会购买陶瓷水罐来装水，如果自带容器就可以省下一笔钱——毕竟重点是健康的水而不是好看的罐子。→ P.52

● 犹太文化遗迹

摩拉维亚特热比奇古老的犹太人公墓非常重要，它与犹太人居住区同属联合国教科文组织认定的世界遗产。参观免费（左图）。→ P.98

● 免费参观博物馆

奥洛莫乌茨的艺术博物馆和大主教博物馆绝对值得一看——每周三和周日都可以免费参观。→ P.91

● 冷水浴

捷克的浴场通常是新建的水上乐园。如果不需要水滑梯和人工波浪，就去水库游泳吧！弗拉诺夫水库延伸30千米，有足够的地方游泳和玩乐。→ P.101

本色捷克

不容错过的特色体验

本地特色

● 老房一间挨着一间

在欧洲再也找不到宫殿和城堡如此密集的地方。在这些历史悠久的建筑里您会觉得自己就像王子或公主一样。在卡尔施泰因，有一座城堡就像绘本中的一样。→ P.68

● 比尔森之源

如今，全世界都在使用比尔森的方法酿酒。比尔森酿酒发源地建了一家博物馆，除此之外，每天还有麦芽作坊的参观和酿造锅的讲解，当然还有品酒项目（右图）。→ P.56

● 沉浸于巴洛克的华丽之中

环绕中心集市区的古老民房和拱门大道是许多小地方的标志，如泰尔奇就值得一看——在这里，步行一小段路便能见证诸多历史。→ P.95

● 壮丽的山峰和波希米亚海

这个国家的每一面几乎都有山脉环绕。推荐骑行者前往波希米亚林山。不要忘了带上游泳用品，利普诺堰塞湖被称作波希米亚海，是消暑的好去处。→ P.77

● 在伏尔塔瓦河上顺流而下

伏尔塔瓦河是捷克人的骄傲，就连贝多伊齐·斯美塔那那首最著名的曲子都以它命名。走水路欣赏这条河吧，最好乘坐皮筏，捷克克鲁姆洛夫的美景不会令您失望的。→ P.76

● 玛丽亚温泉市的喷泉会唱歌

就连歌德也被玛丽亚温泉市——这座西波希米亚美丽的水疗城市打动了。漫步于华美的柱廊之间，您会对唱歌的喷泉感到惊奇。→ P.50

● 参观地下矿道

社会主义时期，捷克曾是苏维埃共和国的工业前哨。今天，尽管重工业已经不再那么重要，您还是可以感受到它的痕迹，如在摩拉维亚的工业城市俄斯特拉发的兰德克公园游览矿道。→ P.93

雨天游玩

下雨天，也美妙

● 尝尝摩拉维亚的葡萄酒吧

摩拉维亚的葡萄酒鲜为人知，它被严重忽视了！来兹诺伊莫的兹诺温酿酒厂品酒，您就会相信这一点。→ P.100

● 地下的美景

捷克有许多洞穴，您可以步行或乘小船参观。康涅布鲁斯科洞的内室将为您呈现壮观的奇景。→ P.69

● 神圣殿堂待您欣赏

许多城市拥有大量的教堂。奥洛莫乌茨的教堂密度尤其大。您可以沉浸在大主教宫的奢华气派之中。→ P.90

下雨时分

● 看电影

您可以在下雨天逃进电影院，其中上演的通常是原版电影。布拉格的卢切尔纳电影院拥有奢华的青春艺术风座椅，电影其实已经不是重点了。→ P.67

● 环游布拉格而不被淋湿

即使是下着倾盆大雨的布拉格也值得一看——乘坐22路电车不被淋湿就能游览重要的观光景点（上图）。→ P.67

● 吹玻璃——您可以在这里学习

波希米亚林山曾是吹玻璃工艺的中心。在哈德约维采的玻璃小屋，您是可以参与制作的：在一日课程中，您就能参与到这项古老的艺术中去。→ P.121

● 小地方的高等艺术

即使在偏远地区也有令人震撼的艺术藏品。在赫拉德茨-克拉洛韦的现代艺术博物馆，几乎所有的捷克艺术团队都会在这里小聚。→ P.36

放松身心

美妙氛围中的梦幻之声

沉醉在布拉格国家剧院的古典艺术中吧！不论是一场歌剧还是一场芭蕾，豪华装点的轻松氛围更为来访的您提供了一种高品质的享受。→ P.67

在咖啡馆消磨时光

在布拉格的咖啡馆阅读报纸或小说再惬意不过，在帝国咖啡厅喝一杯新鲜的拿铁或享用地道的波希米亚糕点就是不错的选择（下图）。→ P.65

在云朵中游泳

捷克最美的泳池在卡罗维发利：温泉酒店在屋顶上建造了完美的泳池。您可以在水中自由地放松，泳池中的水具有天然疗愈的作用！这座水疗城市如画般的市中心就在您的脚下。→ P.41

享受新鲜空气与宁静

卡罗瓦斯图丹卡的与世隔绝使它成为隐匿在自然之中的好去处，这座水疗城市的空气常被评为捷克最佳。尽管放松地靠在全木质的疗愈池中吧！不要出声，您一定会得到治愈的。→ P.93

在绿洲中用餐

布拉格的轻脑袋餐厅就像一片宁静的绿洲：背景中播放着舒缓的音乐，空间光线适当调暗了，服务员无须忙前忙后，食物（有精致的素菜）口味非常清淡新鲜。→ P.65

从高处出发

在利贝雷茨，您可以乘缆车远离市井生活，登上加斯特德山，这座山高达1 012米，山顶上是一座未来主义风格的电视塔。山上有一家餐厅、一家酒店、舒适安静的氛围和广阔的视野。→ P.46

潮流之选

1 没有肉的幸福

素食盛宴 在传统的料理界，出现新的潮流是相当困难的，素食者常常在捷克找很久才能找到可以吃的东西。料理的发展当然要跟着口味走！餐厅Maitrea（🏠 Tynska 6，Praha）（左上图）为您带来无肉的料理，布尔诺（Brno）独特的餐厅Vegalite（🏠 Slovákova 10）以及比尔森（Plzeň）时尚的、红白配色的安德尔咖啡厅（Anděl Café 🏠 Bezručova 5–7）同样提供这类食物。

岩石跳跃 2

岩石运动 梅图耶河畔特普利采（Teplice）的砂岩吸引了许多“肾上腺素成瘾者”。参加者在断岩之间进行大幅度跳跃（右图）——很快一项新的体育运动就诞生了（@ www.skaly-adrspach.cz）。“向上爬”公司（Climb On 🏠 Volfova 10，Brno @ www.climbingschool.cz）的拉德克·里内特（Radek Lienerth）会帮助初学者熟悉这项运动。攀岩学校也会为勇者展示全国最美的攀岩地点。

啤酒浴 3

痒痒的 在啤酒酿造之国，啤酒不仅用来喝，还可以用来泡澡。据说啤酒具有使人年轻、放松的功效。在巴亨涅茨酒店（Bahenec 🏠 Písek U Jablunkova 195，Písek）（左下图），您可以亲自验证这种说法——在啤酒桶中泡一次澡。啤酒龙头直接引到了浴缸里。不用担心受凉，啤酒已经加热到了舒适的35~36摄氏度。东波希米亚的萨里斯特库公寓（Pension U Čtyřlístku 🏠 Hořelec 1，Seč）和小酿造坊诺沃萨德/叙恩（Novosad/Syn 🏠 Harrachov 95，Harrachov）也提供啤酒浴。

捷克有许多新鲜事物等待您去探索。

新旧唱片

4

黑胶没有死 捷克大规模生产乙烯基源于一个意外：位于布拉格和比尔森之间的公司GZ媒体（GZ Media）（右上图）依然拥有生产黑胶唱片的大型设备，它们早就该被淘汰。但由于当今大都市的年青一代厌倦了MP3文件，并且重拾老式的唱片，这家公司就在很短的时间里成了全球最大的乙烯基生产商，古老的机器又开始了不间断的工作。参观工厂是不可能的，但是各种唱片均有售卖。对于喜欢地下音乐的人来说，布拉格的雷可曼多（Rekomando Trojanova 9 周一至周六10:00—18:00 www.rokomando.cz）就是最好的去处。采购精品老唱片和播放器可以前往布拉格的风诺（Phono Opatovicka 24 周一至周五13:00—19:00 www.phono.cz）。

绿色奢华

5

酒店 摩赛克小屋（Mosaic House Odborů 4，Praha www.mosaichouse.com）（右下图）提供生态燃气和生态电能，这里的废水得到了再次利用，这种四星级体验一定不要错过。这家酒店的地板使用回收材料，家具则由生长迅速的竹子制成。慕兹酒店（Hotel Moods Klimentská 28，Praha www.hotelmoods.com）的墙面甚至是活的，长着青苔的墙壁是这家时尚精品酒店的亮点之一。首都之外也有绿色酒店：如采用可持续再生的叶子装潢的麦西利庄园（Chateau Mcely Mcely 61，Mcely www.chateaumcely.com）。

捷克面孔

啤酒

啤酒是捷克的国饮，发源地在波希米亚的比尔森，这里首次酿造出啤酒，比尔森酿造法也由此闻名。捷克人不仅是成功的酿酒大师，还是狂热的消费者：捷克人年平均饮酒144升，比德国人整整多出37升。尽管经历了无数次涨价，在许多酒馆，半升啤酒的价格仅1~1.5欧元。今日，除了全国的知名酿酒厂，还出现了地方性的酿酒作坊。它们致力于手工传统的“文艺复兴”，有意识地不采用大规模工业酿酒。

“Chata”

捷克人对周末小屋“Chata”的喜爱是社会主义时期的习惯。夏天，周五下班以后，数千人动身前往乡村度过周末。周末小屋有两种概念：“Chata”是周末小屋的简约版本，通常用木头建造，只有一个或两个房间；“Chalupa”则要豪华一些，常常由原来的农舍改建而成，是周末放松休闲的地方。

上图：啤酒是捷克的国饮

啤酒、电影艺术、成功的经济和激动人心的体育运动——捷克在众多领域拥有加分项。

电影

捷克常被称作“东方好莱坞”。热门影片《碟中谍》和詹姆斯·邦德主演的《007：大战皇家赌场》就是由布拉格的巴兰多夫工作室（Barrandov Studios）制作的。一些有创意的电影制作人致力于动画电影的制作：《鼹鼠的故事》和《涛先生》（*Pan Tau*）就出产于布拉格，诸如童话电影《灰姑娘的三个榛子》也相当有名。如今，捷克的电影界在欧洲算是最为活跃的了。在好莱坞拍摄奥斯卡获奖电影《飞越疯人院》和《莫扎特传》，跻身著名导演梯队的米洛斯·福尔曼（Miloš Forman）就是捷克人。许多摄制于捷克的电影包揽了国

乐队Gipsy.cz将吉卜赛人的传统音乐与说唱结合起来

际电影节上的很多重大奖项，即使它们没有像20年前的《给我一个爸》一样成为轰动的巨作。总之，当地观众大力支持本国的电影，捷克人对电影的喜爱从卡罗维发利每年成功举办的电影节就能看出来，捷克的影迷是绝对不会错过的。

黄金布拉格

的确，布拉格闪烁着光芒——不仅因为国家剧院镀金的屋顶，还因为它的经济实力：首都达到了充分的就业率，市区范围每年都在扩大。类似于英国和法国，捷克也是高度中心化的国家，政治、管理和经济同时在布拉格运行。这里的人口总数目前已经超过了120万——远超捷克总人口的10%。城市的运转并非毫无摩擦，城乡关系问题频繁出现，城里人无法摆脱傲慢、自以为是的名声。政治上，大多持自由主义观点的布拉格城市居民也和相对保守的乡村居民出现了差异。这一点在潮流和时尚方面也可见一斑——创造者与革新者自然觉得在首都是最自在的。作为捷克唯一拥有百万人口的城市，布拉格在都市风格方面轻松地将其他大城市甩在后面，这种差距还会日益增大。

瓦茨拉夫·哈维尔

瓦茨拉夫·哈维尔（Václav Havel）这位前东盟作家后来成为政治家，他是全世界追求自由的象征。1968年的自由之战中，他首次作为政治作家和戏剧家登上人生更大的舞台。1977年，作为“七七宪章”——

一场学者运动，旨在公开争取更多公民权利——的发起者之一，他的名声传到了捷克以外。哈维尔于1989年成为首位自由选举产生的捷克斯洛伐克总统。2003年，他开始第二个任期。2011年，他的死讯对于捷克人来说是一个沉重打击。他的葬礼非常隆重，就像曾经的波希米亚国王一样。许多人觉得他是国家的英雄。

文学

20世纪初，布拉格被誉为“东方巴黎”，这里自由的氛围和出名的艺术家咖啡厅吸引着全欧洲的才子。布拉格最著名的作家是弗朗茨·卡夫卡，他也是当时德语和捷克语作家活跃的文学圈子里的标志性人物。除了卡夫卡，著名的作家还有马克思·勃罗德（Max Brod）、埃贡·艾尔温（Egon Erwin）和弗朗茨·韦尔弗（Franz Werfel），他们都出自首都的犹太学界。用捷克语写作的有卡雷尔·恰佩克（Karel Čapek）、扬·聂鲁达（Jan Neruda）、诺贝尔奖得主雅罗斯拉夫·塞弗尔特（Jaroslav Seifert）和雅洛斯拉夫·哈谢克，后者以其小说使“好兵帅克”成为不朽的形象。另外，知名的还有文学界的抗争者：米兰·昆德拉（Milan Kundera）、路德维克·瓦楚里克（Ludvik Vaculík）和伊日·格鲁沙（Jiří Gruša）等。这一代最具希望的才女当属佩特拉·胡洛娃（Petra Hůlová），她也曾出版过几部德语小说；还有雅洛斯拉夫·鲁迪斯（Jaroslav Rudiš），他主要关注最新的德国、捷克相关话题。

音乐

提到捷克的音乐，有些人会首先想到卡勒尔·霍特（Karel Gott）。在布拉格，这位歌手并非金曲歌手，而是超级明星。20世纪60年代，他以摇滚歌手的身份出名，并成为一代人的偶像。尽管再没有其他的音乐人能够获得这等国际名声，但捷克的音乐界也是相当活跃的，如自称“朋克摇滚”的摇滚乐队三姐妹（Tři Sestry）和挑战流行乐界限的克里斯托弗乐队（Kryštof），在本国都很受欢迎。音乐组合Gipsy.cz的成功之路则非同寻常，他们将吉卜赛音乐与嘻哈元素结合起来。捷克人对音乐的喜爱由来已久：伟大的作曲家贝多伊齐·斯美塔那和安东尼·德沃夏克至今仍被称颂，并且被视作捷克的音乐使者。对于音乐爱好者来说，博胡斯拉夫·马尔蒂努（Bohuslav Martinů）也是捷克古典乐的代表之一。

布拉格之春

用亚历山大·杜布切克（Alexander Dubček）政府的话来说，这是一次建设“具有人性面貌的社会主义”的尝试。得到了多数民众支持的目标就是实现社会开放并且消减苏联的影响。于是报纸上开始刊登批评性文章，作家未经审查就发表作品，西方摇滚乐也成了最后的呐喊。1968年8月21日，捷克斯洛伐克人的梦想破灭了：政治上的缓和时期对于华约的盟国来说走得太远，他们派出武装部队占领了整个国家。“布拉格之春”一夜之间就变成了“布拉格之秋”——直到1989年的丝绒革命之前，政权都在以无情的手段对抗假想的国家公敌。

宗教

除了部分摩拉维亚地区，信仰并不重要。这是有历史原因的：过去人们将哈布斯堡王朝与天主教联系在一起——不受欢迎的异族统治的撤退也就意味着天主教堂的瓦解。从历史上来看，捷克人是有争议的基督徒：作为异教徒被烧死的改革者扬·胡斯就来自波希米亚。时至今日，捷克的胡斯教堂仍按照他的教义运转，但是教徒不足10万，影响很小。许多地方都有玛丽亚纪念柱和扬·胡斯纪念碑，从它们身上便能看出，信仰曾经具有多么重要的地位。

罗姆人

罗姆人在捷克是一支人数较多的少数民族，据估计约30万罗姆人居住在捷克，其中许多人居住在德国与捷克边境沿线，前苏台德德国人（Sudeten Deutsche）的聚居区。在驱逐德国人之后，他们被指定居住在这里。他们的处境困难重重：他们通常不能很好地融入社会，从数据上来看，他们的儿童教育前景堪忧。目前政府还没有设计出能让他们融入社会的项目。

宫殿与城堡

古老石屋中的刑讯室、鹿角藏品、历史图书馆和巴洛克药房……捷克从丰富多彩的历史中继承了无数个庄园房屋：即使在小地方也常有豪华的宫殿，小山顶上都建有古堡，许多都可以参观。这里城堡和宫殿的数量达到了惊人的2 000座之多，放在全球都是一个大数字。除此之外，没有其他地方拥有这么多历史家具。许多地主庄园出自古老的奥地利、匈牙利贵族家族，大多数人可能已经见过其中几个：例如，位于布拉格附近的卡尔施泰因城堡（Hrad Karlštejn）和摩拉维亚的波佐夫城堡（Hrad Bouzov）已经作为背景入镜了多部电影。

体育

捷克的国民运动是冰球。每当国家队有比赛，全国人民就会坐在电视机前观看。支持者最多的冰球队有布拉格斯巴达（Sparta Praha）、布拉格斯拉维亚（Slavia Praha）、PSG兹林（PSG Zlín）和比尔森1929（Plzeň 1929）。捷克队常常获得世界冠军，而且这样的胜利是具有历史意义的——社会主义时期，捷克斯洛伐克队在世界锦标赛中两度战胜苏联（1972年和1976年），全国人民整日沉浸在胜利的喜悦中。到了布拉格之春，华沙部队占领全国之后，体育上的胜利成为政治上的重大事件。人气稍逊一筹的是足球，布拉格的两支队伍斯拉维亚（Slavia）和斯巴达（Sparta）都是国际知名球队。

苏台德德国人

驱逐苏台德德国人至今仍是一个敏感话题。出于对纳粹暴行的报复，他们在第二次世界大战后被暴力驱逐出境，其中不乏牺牲者——这群人对于捷克、德国、奥地利边境地区文化的影响长达几个世纪。

今天，还有数千名苏台德德国人居住在境内，他们曾被称作德裔少数民族。尽管数十年来讨论这一系列暴行一直是捷克的禁忌，最近它却越来越频繁地成为公开讨论的话题。

冰球运动员在争球，他们一定是捷克人民瞩目的焦点

捷克斯洛伐克

直到1993年，捷克人和斯洛伐克人都生活在同一个国家——尽管他们认为自己是两个不同的民族。哈布斯堡王朝统治结束之后，1918年，二者出于共同的利益和相似的大文化背景走到了一起。到社会主义时期结束的时候，这种联结依然持续着。直到政变之后，捷克人和斯洛伐克人对于未来产生了不同的预期。今天，两国的民众保持着真诚友好的关系，许多家族拥有来自国境两边的血统。捷克和斯洛伐克是两国和平分裂的少见的例子。

经济

捷克是中、东欧经济的领头羊：没有其他国家的国民经济能在欧洲原有基础上发展得这么迅速，布拉格周边地区甚至可以说是全欧洲经济最为强大的地方。汽车业对经济繁荣的贡献尤为重大，除了当地的厂商斯柯达（Škoda）、现代（Hyundai）和丰田（Toyota），标致（Peugeot）和雪铁龙（Citroën）也在这里进行生产。如今，捷克成为现代产业的热门驻地，比如IT产业。因为这里的教育水平相对较高，而工资水平又一直相对较低，平均月薪在1 000~1 500欧元之间。

美 食

捷克人为他们的美食感到自豪。最经典的一道菜就是土豆饺子，不管怎么变化，这道菜都有充足的肉和土豆。

捷克的游客有这样两种：一种乐于享用配菜丰盛的美食；另一种则很快就会厌倦烧烤和炸肉排文化，追求新鲜的沙拉或爽口的蔬菜。一家典型餐厅里的菜谱就像一本历史教材，奥地利美食长达数世纪的影响至今可见，斯拉夫菜肴浓郁粗犷的传统也流传至今。近几年有一种现象，捷克料理开始融入异国特色，出现了更加奇特的组合。尤其在大城市，有些厨师喜欢另辟蹊径。但是在许多地方，这种实验精神仍局限在一定范围之内。

传统的饭馆在捷克的日常文化中扮演着重要的角色：人们晚上在Hospoda——也就是小酒馆聚会。大多店家都是简易的餐馆，带一个酒柜，并非优雅的乡村餐厅。这些店即使在工作日也是生意兴隆，人们在这里用餐、吸烟、饮酒并且交流新鲜事。这种娱乐形式不仅限于年纪大一些的聚餐常客，在酒馆里也能遇到年轻人。

在一些小地方，酒馆就是晚上人们外出娱乐的地点。不吸烟的人在

上图：烤鸭配紫甘蓝和土豆饺子

捷克人的餐桌上有经典的土豆饺子、粗犷的烤肉和丰盛的配菜。

波希米亚的酒馆里很难待下去，尽管较为严格的禁烟令的支持者越来越多，但它仍未得到法律上的确认。请注意每家餐厅门口贴着的香烟标志，上面会说明是否允许吸烟，或者是否有吸烟者和非吸烟者分开使用的房间。

“Hospoda”的菜单上没有什么特别引人注意之处，大多数捷克人都喜欢本地的粗犷菜肴，菜品的价格也确实很实在，主菜价格通常是5~7欧元。

以前，会为大城市客人保留较讲究的美食，但是那个时代已经过去，在捷克最佳餐厅的名单上越来越频繁地出现乡村地区的餐厅。新一代的餐厅使得古老的传统重见天日，让人们重新开始关注这些地方。有些餐厅是与酒店相结合的，食材来自自家的生态农业种植。例如，在波希米亚

特色美食

冰爵力娇酒（Becherovka） 药草酒中的经典，可以在享用重口味的捷克美食后促进消化，出产于卡罗维发利。

捷克百威（Budvar） 百威特色啤酒。

红烧牛肉（Guláš） 波希米亚美食中的一道经典菜。

鸭（Kachna） 以各种形式出现在菜单上的鸭子。

饺子 小面包饺子或土豆饺子，甜味版本（Ovocné Knedlíky）填充了水果，通常是草莓或者李子。

蘑菇汤（Kulajda） 一种加莳萝调味的土豆蘑菇汤（右上图）。

小煎饼（Livance） 奥地利小煎饼的捷克版：通常搭配果味酱料食用的迷你煎饼（左上图）。

摩拉维亚肉卷（Moravský Vrabec） 又名“摩拉维亚麻雀”，是一种猪肉卷，通常搭配酸菜和饺子。

捷克薄饼（Palačinky） 加鲜味酱或甜味酱的煎饼，类似奥地利的果酱馅蛋卷煎饼。

比尔森啤酒（Plzěnský Prazdroj） 原产于比尔森。

布拉格火腿（Pražská Šunka） 著名的布拉格火腿，在面团中煮制而成，是一道主菜。

炸肉排（Řízek） 有时会裹上面包屑的炸肉排，肉可以是猪肉、鸡肉或火鸡肉。

长条面包（Rohlík） 一种长条形面包，常在早餐时食用，不切片。

李子白兰地（Slivovice） 经典的李子白兰地，在摩拉维亚很受欢迎。

炸里脊（Svíčková） 国菜，单纯的炸牛里脊加甜味奶油酱和波希米亚饺子，搭配蔓越莓食用。

林山，村庄里通常建立起了优秀的旅馆。几乎所有餐厅和酒馆都在午餐时间开业，许多餐厅在非周末的中午会提供非常便宜的午餐套餐。

去吃饭的时候一定要尝尝经典的土豆饺子，它是波希米亚美食的一大寺色。您绝对不会将它跟德国的球形丸子搞混的：经过切片，其质感比较坚硬。饺子有两种：面包饺子（Houskový Knedlík）和土豆饺子（Bramborový Knedlík）。前者是用面包和面粉制成的切片饺子，后者是土豆饺子，与德国的土豆饺子类似。真正的波希米亚饺子味道独一无二，吸收了调味浓郁的酱汁，捷克菜几乎都在这种酱汁里"游泳"。在品尝经典的波希米亚-摩拉维亚红烧肉时，这种饺子必不可少；炸里脊也需要搭配这种饺子。

菜单上的主菜通常不写配菜，也就是说每位客人都可以自己搭配配菜，选择最丰富的就是土豆配菜。除了常见的炸薯条、烤土豆和油炸饺子（在捷克通常是球形）外，还经常有土豆糊和一种土豆饼，后者是典型的捷克菜式，有趣的是，它的名字叫"Francouzské Brambory"，也就是法式土豆。与之相对，土豆碎的名字叫作"Americké Brambory"，也就是美式土豆。土豆泥（St'ouchané Brambory）是一种美味的薯泥，通常由土豆加葱和少量奶油制成。

对于每一餐来说，啤酒都是必需的，即便是午餐。现在许多酒馆也提供不含酒精的成桶啤酒。这样一来，啤酒也就不算啤酒了。每个行家都有最喜欢的品牌，在捷克，啤酒的选择十分丰富。最近，许多地方、家族酿造厂正在进行一次"文艺复兴"。捷克人按照度数对啤酒进行分类，这些代码也透露了原麦芽的相关信息，10度的啤酒要比12度的清淡一些。喜欢喝葡萄酒的人真的应该到乡村看一看：在好一点的餐厅里，葡萄酒的选择众多，其中以波希米亚和摩拉维亚的葡萄酒为代表。

乡村的经典甜点——果馅糕、蛋糕和焦糖煎饼令人想起奥地利的传统糕点。捷克人喜欢在吃甜点时喝咖啡——加了生奶油制成奶盖的维也纳

吃红烧肉也要搭配经典的饺子

咖啡（Videnska Kava）或者又黑又浓的土耳其咖啡（Turek）。

购 物

在许多人看来，捷克就是购物的天堂：超市和商场周末营业。在大型购物中心，您能够找到各种各样的商品。电子产品通常要贵一些，品牌服装之类的也不便宜。

古董

几乎每座城市都有古玩市场和旧货集市。从家具、吊灯到古老的画作，您能想到的都能找到，通常连您想不到的都有。被用旧的教具会被挑选出来售卖，而且还有部分商品是祖辈人的珍品。比较特别的商品是来自中国的古玩，字画、摆件比较多，在异国他乡看到这些会倍感到亲切。

设计师服饰

国际上成功的捷克设计师们喜欢把精品店开在布拉格。如果您正在寻找高级定制的服装或者特别灵感，您可能在约瑟夫城（Josefov）会有所发现，这里是布拉格的犹太人区。克拉拉·纳德姆林斯卡（Klara Nademlynská）和贝阿塔·拉杰卡（Beata Rajská）的精品店彼此挨着（Dlouhá 3 @ www.klaranademlynska.cz，www.beatarajska.com）。在几条街之外，设计师佩特拉·巴尔维诺瓦（Petra Balvínová）也在出售她的创意（Benediktská 9 @ www.tiqe.cz）。伏尔塔瓦河畔也有两个有趣的地方：设计师苏扎娜·拉布多瓦（Zuzana Labudová）的商店亚希出租车（Yaxi Taxi Masarykovo Nábřeží 8 @ www.yaxitaxi.com）和商店杜奥泽·丹尼利（Duose.Danielý Na Struze 1 @ www.edaniely.cz）。精致的商店库拉茨（Kuráž）同样值得一看，这里除了服装，还有饰品和其他设计产品（Benediktská 7 @ www.kuraz.cz）。

木质玩具

许多木工工坊专注于制作儿童玩具——全木质玩具，用无害颜料染色。在捷克许多地方都能买到这种玩具。值得推荐的商店有赫拉德茨-克拉洛韦（Hradec Kralové）的德雷维涅·赫拉奇（Dřevěné Hračky Tř. ČSA 216 周一至周五9:00—

设计师服饰、传统的波希米亚水晶玻璃以及卡罗维发利的药草力娇酒——在捷克没有想买而买不到的东西。

12:00、14:00—17:00，周六9:00—12:00），这家店还有许多精品收藏。还有波希米亚林山地区摩德拉瓦（Modrava）的木头博物馆（Wood Museum 🏠 Modrava 12 🕒 周一至周日10:00—17:00）中的商店。

水晶玻璃/瓷器

数个世纪以来，北波希米亚地区驻扎着10余个厂家，专注于昂贵的玻璃制品生产。著名的奥地利公司施华洛世奇就发源于波希米亚。当地手工作坊的名声正是通过充满艺术感的磨制玻璃建立起来的。除了高档的器皿，您还能找到装饰用的金丝玻璃塑像。

在捷克，像玻璃制造业这样繁荣的还有瓷器制造业，卡罗维发利的这一产业尤为发达。您可以在当地某家精品店购买，专卖店遍布全国各地，只不过目前它们大多造型俗气且价格昂贵。

食品

捷克最好的“Perníky”（一种姜饼）产自帕尔杜比采（Pardubice）。这种食品全年有售，而且有各种规格和变种。如果您即将返程，就在特热邦（Třeboň）附近买些新鲜的鱼，在这一整片地区有很多池塘，其中以鲤鱼公司（Karpfen&Co.）最为著名。著名的华夫饼产自卡罗维发利，它们其实更像是薄饼，填充了花生酱或巧克力酱。面包房里有新鲜的华夫饼，超市里也有包装出售的华夫饼。您也可以直接买一瓶当地锦囊➡冰爵力娇酒，一种产自卡罗维发利的药草力娇酒。在每家超市的冰柜里都能找到用面糊裹好的正宗波希米亚饺子，这种饺子通常可以保存一周。

北波希米亚

波希米亚北部最著名的景点就是这里豪华的浴场。卡罗维发利、玛丽亚温泉市、弗朗齐歇克矿泉村以及众多的小浴场已经成为避暑地的代名词。

歌德曾暂居于此，欧洲的上层贵族曾在闪耀的大道上漫步，就连俄国的沙皇也曾在这一带留宿几周，享受这里的水浴。时至今日，这一地区的浴场仍是最热门的景点。值得观赏的不仅这些：北波希米亚一带从厄尔士山脉、易北河砂岩山脉（Labské Pískovce）及克拉科诺谢山沿东西方向延伸，不同的山地形态给这一地区带来独特外观；诸多古堡、宫殿和修道院都值得参观；许多城市经过修整，其市中心有着独特的魅力。

赫拉德茨–克拉洛韦

（Hradec Králové）（折页 K3

★**赫拉德茨–克拉洛韦这座波希米亚**

上图：卡罗维发利的浴场大道

著名的浴场、如画的小城以及人间的捷克天堂，这些都是北波希米亚的王牌。

大学城（人口9.5万）被分成了两部分：在拥有加固过的古广场——大广场（Velké Náměstí）的中心区，您会穿越到几百年以前，来到巴洛克和哥特时代；在易北河的对岸，坐落着捷克斯洛伐克时期的现代派建筑。

20世纪初，捷克顶尖的功能主义建筑师如扬·克特拉（Jan Kotěra）和约瑟夫·葛卡尔（Josef Gočar）曾在此工作，留下的建筑作品至今令业内外人士惊叹不已。历史上，这座城市因柯尼希格雷茨（Königgrätz，赫拉德茨-克拉洛韦的德语名称）战役而出名，1866年，普鲁士军队在这场战役中击溃了奥地利和萨克森（Sachsen）的军队。

景点

当地锦囊 现代艺术博物馆（Galerie Moderníhouměni）●

在主广场的5层博物馆内，几乎能够见到捷克20世纪艺术界所有伟大的名字：艾米尔·菲拉（Emil Filla）、约瑟夫·卡佩克（Josef Čapek）、弗兰提塞克·比雷克（František Bílek）和阿尔丰斯·穆夏。🏠 Velké Nám. 140 🕒 编辑定稿期间由于修缮工作闭馆，预计周二至周日9:00—12:00，13:00—18:00 @ www.galeriehk.cz

东波希米亚博物馆（Muzeum Východných Čech）

馆中的展览全都与国家概况相关，更有趣的是博物馆的建筑本身，这栋新艺术风格的建筑根据建筑师扬·克特拉的设计建于1909—1912年，是现代主义建筑的开端。大堂和一层装有木质壁板的前馆长办公室尤其值得参观。🏠 Eliščino Nábřeží 465 🕒 周二至周日9:00—17:00 @ www.muzeumhk.cz

东波希米亚博物馆仅外观就值得欣赏

乌尔里希广场（Ulrichovo Náměstí）

新城区围绕着乌尔里希广场延伸开来。以广场旁的市政厅为起点，功能主义建筑一幢挨着一幢：一处学校建筑群（🏠 V Lipkách）、一栋建于1933年的停车楼（🏠 Průmyslova）、一座三角教堂（🏠 Nerudova与V Lipkách转角处）。它们的特点是用简朴、最小化的设计展现满满的现代感。

大广场（Velké Náměstí）

中心区有城墙围绕，18世纪带有拱门廊的房子如今显得非常具有诗意。哥特式圣灵教堂（Heilig Geist Kirche）的宏伟殿堂占据了整个大广场，它的历史可以追溯到14世纪。值得注意的是带有两座塔的市政府和耶稣会教堂。在16世纪的✦白塔（Bílá Vez）上，您将拥有最好的视野，它就在圣灵教堂旁边。

美食

水族馆餐厅（Aquarium）

这家店名副其实。这里的特色是海鲜，但是也有出色的牛排，食物非常棒，从中心区出发走些远路也是值得的。🏠 Rybova 14 ¥ €€ 📞 4 95 49 04 95 @ www.aquarko.cz

洛卡利斯（Localis）

尽管地处主广场，人们也很容易因其不起眼的外观错过这家店。但是走近看看是值得的：菜品以当地原料制成，通常会标明出产的农庄，氛围惬意。🏠 Velké Nám. 14 ¥ €~€€ 📞 4 95 58 81 53 @ www.localis.cz

那寇乐咖啡厅（Café Na Kole）

赫拉德茨-克拉洛韦的一个为爵士乐迷准备的地方：在这家以自行车为标志的咖啡厅，咖啡师使用的是出自最好的烘焙房的咖啡豆。这里有年轻的客人和绝妙的音乐。🏠 Velké Nám. 24 ¥ € 📞 4 95 45 84 60 @ www.cafenakole.cz

萨特拉瓦餐厅（Šatlava）

这是捷克最好的餐厅之一，没有高档料理，但是有创意丰富的当地美食。一定要预约，最好在冬园（Winter Garden），在那里可以看到城中防御工事的独特景色，夏天则推荐美丽的露台。🏠 Dlouhá 101 ¥ €€ 📞 7 76 81 78 56 @ www.restaurace-satlava.cz

住宿

格兰德酒店（Hotel Grand）

这家住宿加早餐的酒店位于古城和新城边界的一幢整修过的历史建筑中。有39间客房。🏠 Československé Armády 295 ¥ €€ 📞 4 91 61 47 50 @ www.grandhk.cz

诺维·阿达波提姆酒店（Nové Adalbertinum）

这家主广场旁的酒店曾是耶稣会修道院，装潢高雅。一层的常青餐厅（Evergreen ¥ €€）值得推荐。有30间客房。🏠 Velké Nám. 32 ¥ € 📞 4 95

必游景点

★赫拉德茨-克拉洛韦
文艺复兴风格与现代主义在这里相遇——建筑迷必去。→ P.34

★捷克天堂
雄伟的砂岩和神秘的岩石之城组成了一幅奇妙的景象。→ P.38

★卡罗维发利
标致的水浴城市，建筑全都用石膏饰面，这里有宽阔的大道和治愈的水。→ P.39

★弗朗齐歇克矿泉村
波希米亚浴场中最宁静的一处，有许多贵族人士拜访过此地，包括贝多芬。→ P.42

★洛克特
仿佛绘本中的中世纪小城，雄伟的城堡凌驾一切。→ P.42

★泰雷津
纳粹建设的集中营，如今是令人感触的纪念馆。→ P.47

★利托米什尔
贝多伊齐·斯美塔那的出生地是一块宝地，甚至被列入了联合国教科文组织的《世界遗产名录》。→ P.48

★玛丽亚温泉市
歌德亲自以一首《玛丽亚温泉市悲歌》使这座水浴城市永远被人铭记。→ P.49

捷克天堂的岩石景区是攀岩者的天堂

06 31 11 @ www.noveadalbertinum.cz

欧克雷斯尼 · 杜姆酒店（Okresní Dům）

这是一家精品酒店，在一幢美丽的新艺术风格的建筑里，坐落于历史中心的边缘。巨大的早餐厅高达6米，十分吸引眼球。有21间客房。🏠 Palackého 409 ¥ €€ ☎ 4 95 05 43 00 @ www.hotelokresnidum.cz

问询中心

信息中心（Informační Centrum）

🏠 Velké Nám.165 ☎ 4 95 58 04 92 @ www.ic-hk.cz

周边景点

安德斯巴赫巨石（Adršpašské Skály）

您可以在距市区70千米以外的地方找到安德斯巴赫巨石。砂岩高原经过侵蚀形成了一座真正的岩石之城。问询中心：梅图耶河畔特普利采（Teplice nad Metují 🏠 Dolní Adršpach 26 ☎ 4 91 58 60 12 @ www.skalyadrspach.cz）。

捷克天堂（Český Ráj）★（折页J3）

在城市西北边不到50千米的地方，最著名的捷克砂岩拔地而起：陡峭的岩石组成奇异的形状，有的被称作龙岩（Dračí Skály）或灯塔（Maják）。伊钦（Jičín）附近的普拉科沃斯克岩（Prachovské Skály）对于徒步旅行是不错的起点，也可以从赫鲁巴斯卡拉（Hrubá Skála）城堡及其同名岩石小城处出发。● 城堡附近的景色是无可比拟的，而且免费。☎ 4 81 54 02 53 @ www.cesky-raj.info

当地锦囊 **库克斯（Kuks）**（折页 K3）

一幢宏伟的巴洛克建筑，周围是一座雕塑公园：18世纪初，弗朗茨·安东·格拉弗·冯·施波尔克（Franz Anton Graf von Sporck）曾想在距赫拉德茨-克拉洛韦30千米的地方建造一个浴场，委托雕塑家马蒂亚斯·贝恩哈德·布劳恩（Matthias Bernhard Braun）进行装饰工作。此地从未兴盛起来，但是这座豪华的疗养建筑还是证明了这项计划背后的野心。最值得一看的是巴洛克式的药房（⏲ 4—6月、9月、10月 周二至周日 9:00—17:00，7—8月 9:00—17:00），仅医院建筑有讲解。请从距离伯特利姆（Braunův Betlem）——一个不起眼的小森林，雕塑家布劳恩在这里完成了岩石雕塑作品——3 000米的地方开始参观。从此处起，有一条新建的岔路（2008年建成）通往库克斯，路边有现代的圣像柱。

美图热河畔新城（Nové Město Nad Metují）（折页 L3）

美丽、富有历史气息的小城（人口1万，约30千米外），拥有壮丽的宫殿和宫殿公园。在这座城中，巴洛克花园建筑艺术与历史民间建筑风格结合在一起。您可以在这里找到许多出租皮筏的人。如果要在这里住宿，推荐建在城墙上的新健康酒店拉杰卡·扎拉达（Rajská Zahrada，有24间客房 🏠 Komenského 70 ¥ €€€ 📞 773 77 77 73 @ www.hotelrajskazahrada.cz），或者宫殿里的两间公寓之一（🏠 Na Zadomi 1211 ¥ €€ 📞 4 91 47 01 59 @ www.zameknm.cz）。

卡罗维发利

（Karlovy Vary）（折页 D3）

壮丽的柱廊和装饰繁复的外墙，有益健康的矿泉水和环绕四周的幽静森林……数百年来，这些美妙的结合吸引着游客来到浴场。

诗人、作曲家和画家都能在这里找到灵感和悠闲的氛围。多亏这里的有治愈功效的水，★卡罗维发利这座城市在最短的时间内一跃成为欧洲最具人气的地方。如今，人口5.4万的卡罗维发利成为一片藏宝之地。夏季，当马车在石块路面的小巷中穿行时，城中便充满了奥地利和匈牙利的气息。

景点

教堂

卡罗维发利的两座教堂拥有特殊的地位。玛丽亚-玛格达勒娜天主教堂（Maria Magdalena Kirche 🏠 Kostel sv. Máří Magdalény，从Vřidelní大街进入）由基利安·伊格纳茨·迪岑霍弗（Kilian Ignaz Dientzenhofer）建成于巴洛克时期。大多隶属于东正教教堂的俄国住民则建立了圣彼得及保罗教堂（St. Peter and Pauls Kirche 🏠 Chrám sv. Apoštol Petra a Pavla，从Petra Velikého大街进入），这座拜占庭风格的教堂带有镀金的塔，独具异国风情。

浴场柱廊（Kolonády）

大多数建于19世纪末的柱廊是这座城市的核心。从繁荣时期雕刻的木质工艺品到共产主义时期壮观的玻璃建筑，风格跨度极大。公园、磨坊、集市和泉眼的柱廊在中心区一处挨着一处，疗养楼就在它们之间。

美食

大使馆餐厅（Embassy）

卡罗维发利电影节期间这里会聚集很多名人。这里提供昂贵的料理，以及正统的氛围。Nová louka 21 €€€ 3 53 22 11 61

全景餐厅（Panorama）

这是距离古城不远的一座小山上的一幢小别墅里的餐厅。餐厅提供经典的波希米亚菜式，肉量充足。Na Vyhlídce 56 €€ 3 53 23 05 47 www.restauracepanorama.com

普罗美纳达餐厅（Promenáda）

有出色料理的四星级餐厅，多次被评为这座城市的最佳餐厅。菜单灵活多变，菜品值得品尝。Tržiště 31 €€€ 3 53 22 56 48 www.hotel-promenada.cz

斯密霍夫斯基·帕维伦餐厅（Smíchovský Pavilon）

告别造作的风格，这里注重简单实用，氛围轻松，提供出色的波希米亚美食。Lidicka 2 €~€€ 6 01 22 55 99 www.smichovskypavilon.cz

百吉饼小屋（Bagel Lounge）

这家街边小吃店提供早餐，以及比萨、三明治等快餐。物美价廉的食物让它很受游客欢迎，如果您急于赶路需要食物填饱肚子，这家位于主街上的小店是不错的选择。T.G. Masaryka 825/45，Karlovy Vary 36001 周一至周四8:00—20:00，周五、周六8:00—22:00，周日 8:00—19:00 80~150捷克克朗 7 20 02 21 23 www.bagel-lounge.cz

购物

小摊商贩提供著名的当地锦囊浴场薄饼，这是一种华夫饼，新鲜而温暖。

莫泽尔（Moser）

莫泽尔算是这一带最富传统特色的玻璃制造商。自带工厂导览，拥有自己的博物馆和远近闻名的大型玻璃商场。Kpt. Jaroše 19 9:00—18:00，博物馆9:00—17:00，讲解9:00—14:30 www.moser-glass.com

户外活动

歌德之路（Goethová Stezka）

这条步行道始于扑普大酒店（Grand Hotel Pupp），通往城市之上的小山。路线根据具体情况有所变化。狄安娜观景塔（Aussichtsturm Diana，乘缆车也可以到达）拥有观赏卡罗维发利的最佳视角（11月至次年3月 9:00—16:45，4月、10月 9:00—17:45，5—9月 9:00—18:45）。除此之外，路上还有卡尔四世观景塔（Aussichtstrum von Karl IV.）和著名的鹿跳台（Hirschsprung）——一座岩石上的鹿的雕像，它已经成为卡罗维发利的非官方标志。

当地锦囊 在温泉酒店游泳

实际上，酒店的建筑本身是卡罗

佳发利为数不多的污点之一，但是它的屋顶上有一个泳池（注入了1/3的“治愈之水”），在里面您会觉得自己可以直接游进这座城市华美的光辉之中。 I. P. Pavlova 11 8:30—20:00 www.thermal.cz

住宿

扑普大酒店（Grand Hotel Pupp）

这家具有传说的酒店的历史可以追溯至18世纪。理查德·瓦格纳（Richard Wagner）、亲王奥托·冯·俾斯麦（Otto von Bismarck）和皇后玛丽亚·特蕾莎（Maria Theresia）都曾是这里的客人。酒店有最好的位置、最好的服务、出色的餐厅，配有健康中心。有228间客房。 Mirové Nám. 2 €€€ 3 53 10 91 11 www.pupp.cz

波士顿酒店（Hotel Boston）

酒店位于美丽的古城小屋，性价比很高。有几间客房可以欣赏到中心区的全景——预订时请务必说明要这几间客房。有16间客房。 Luční vrch 9 €€ 3 53 36 27 11 www.boston.cz

瓦尔寇膳食公寓（Penzion Valkoun）

家庭膳食公寓，房间的布置非常有品位。有6间客房。 Na vyhlídce 26 € 3 53 22 55 96 www.aa.cz/penzionvalkoun

问询中心

信息中心（Informační Centrum）

提供旅客信息，也包括优惠的私人住处介绍。 Lázeňská 14 3 55 32 11 76 www.karlovyvary.cz

海布历史上的市中心经过了整体的翻修，作为遗产受到保护

在苏斯自然保护区能够看到、听到火山活动

周边景点

海布（Cheb）（折页 C4）

这座城市（人口3.5万）位于卡罗维发利东南方向50千米处，曾经是重要的贸易中心。美丽的集市广场上最鲜艳的是巴洛克式带钟塔的新市政府（16号），周围则是由石膏饰面的民房。请注意广场中央层层叠叠的建筑群：这些所谓的“侧翼建筑”（Spalíček）建于中世纪早期。紧挨着中心区的罗马城堡遗迹（Hrad Cheb 🏠 Dobrovského 21 🕒 11月至次年2月 周六、周日10:00—15:00，3月 周六、周日10:00—17:00，4月、5月、9月、10月 周二至周日10:00—17:00，6月 周二至周日10:00—18:00，7—8月 10:00—18:00 @ www.hrad-cheb.cz）值得参观，它们由腓特烈一世巴巴罗萨（Friedrich I. Barbarossa）建成于12世纪。您可以将巴巴罗萨酒店（Hotel Barbarossa，有21间客房 🏠 Jateční 7 ¥ €€ 📞 3 54 42 64 46 @ www.hotel-barbarossa.cz）作为途中住宿或用餐的落脚点。

弗朗齐歇克矿泉村（Františkovy Lázně）★（折页 C3–4）

弗朗齐歇克矿泉村（人口6 000，距离卡罗维发利50千米）毫无疑问是玛丽亚温泉市和卡罗维发利的“小妹妹”。其内城的街道、宽敞的浴场和历史酒店建筑群都彰显出一种贵族的风范，这正是所有波希米亚浴场的出名之处。从国家大道（Narodní Třída）出发游览这个城市是最好的。这条大道两侧都有重要的建筑——贝多芬住过的酒店，现在变成了一家咖啡厅（Kavárna Beethoven 🏠 Narodní Třída 7 ¥ €€）。站在国家大道尽头的喷泉处，您将拥有欣赏这个城市的最佳视角。伊莎贝拉大道（Isabelina Promenáda）是一条穿过各浴场公园的美丽的林荫道。

洛克特（Loket）★（折页 D3）

这座埃格尔（Ohře）转角旁边独特的著名防御城堡（距其16千米）的历史可以追溯至12世纪。它被完整地保存下来——包括礼堂、庄园区和职员区。在城堡（🏠 Zámecká 67 🕒 11月至次年3月 9:00—15:30，4—6月；9—10月 9:00—16:30，7—8月 9:00—18:00 @ www.hradloket.cz）里没有讲解也可以顺利参观。古老的刑讯室也可以进入，最可憎的酷刑曾在这里执行。注意，内心敏感的…不适宜参观。在洛克特城，集市广场四周围绕着古老的房屋，如画的阶梯向上通往城堡、鼠疫纪念碑和美丽的教堂……一切都经过整修，闪烁着光芒。

索斯（Soos）（折页 C3）

这片自然保护区位于弗朗齐歇克矿泉村旁边，是一片沼泽景区，许多地方都在冒泡，因为二氧化碳气流会穿过（根据季节而定）充满水的沼泽火山到达表面，这种碳酸喷气是这一带仅剩的火山活动。经过加固的木栈道穿过这一片珍贵的如月球般的景区，参观起点在诺维德拉霍夫（Nový Drahov）旁边。🕒 3月、11月 10:00—16:30，4月、10月 9:00—16:30，5—6月、9月 9:00—17:00，7—8月 9:00—18:30

利贝雷茨

（Liberec）（折页 J2）**伊泽拉山脉（Jizerské Hory）脚下的这座城市是热门的冬季运动地点。夏天，山上很适合徒步旅行，贝涅索沃-那美斯蒂（Benešovo Náměstí）四周则充满了城市气息。**

19世纪，利贝雷茨曾是波希米亚纺织业的中心，城郊街道上豪华的别墅就是当年财富的证明。如今，这座大学城（人口10.4万）正在经历政府和投资者掀起的建设狂潮：两个丑陋的购物中心就矗立在古城的正中央。尽管如此，这里原始的魅力还是得到了保存。

景点

城市和市政府

咖啡厅在这里支起桌子，这里是购物街的尽头。市民们想要通过新文艺复兴风格的市政府（1893年）和65米高的高塔来展现他们的财富——他们做到了。这一设计出自弗朗茨·里特尔·冯·诺伊曼（Franz Ritter von Neumann）之手，维也纳的市政府也是他的作品——它们的相似并非偶然。

当地锦囊 图书馆（Knihovna）

对于建筑迷来说，去一趟鲁缅采沃1号（Rumjancevova 1）是非常值得的，这幢建筑（2000年落成）曾获得过赞誉，被规划为捷克与德国之间的“和解楼”。它坐落在“水晶之夜”被烧毁的犹太教堂的位置，里面有一间小型的新建犹太教堂。@ www.kvkli.cz

当地锦囊 地方美术馆（Oblastní Galerie）

美术馆曾是一处泳池，单是其建筑就值得一看。除此之外，还可以看到数量可观的20世纪捷克艺术藏品。🏠 Masarykova 14 🕒 周二至周日 10:00—17:00 @ www.ogl.cz

别墅

在这条沿着五月五日街（5. Května）和马萨里克大街（Masarykova）延伸的、穿过这片区域的道路上，可以欣赏到多种建筑风格。尽管这些建筑不能进入，却还是能让人感受到过去的住宅文化。在贾布朗尼大街（Jablonecká）旁边，有一处私人住宅令人印象深刻，它是由一位工业家按照宫殿的风格建造的。

华伦斯坦屋（Wallensteinhäuser）

威特纳大街（Větrná Straße）边这些富有艺术气息的木结构建筑建成于1678年，织布工人居住于此，它们也是城中最古老的房屋。

美食

黑马餐厅（Black Horse）

这里有爱尔兰菜式、爱尔兰啤酒。黑马餐厅在利贝雷茨显得具有异国风情，但是这里有最好的氛围和美食。🏠 Nerudovo Nám. 1 ¥ €€ 📞 4 85 11 44 33 @ www.irskaliberec.cz

当地锦囊 多莫夫餐厅（Domov）

这是个现代化的当地餐厅，这里有出色的料理手艺和捷克的经典菜品。🏠 Ještědská 149 ¥ €€ 📞 4 82 77 12 51 @ www.hospoda-domov.cz

吉特拉瓦酒店（Jitrava）

这家拥有杰出料理的当地酒店位于市中心西北方向20千米处，这里可以让人忆起本地菜品的味道。🏠 Jitrava 70，Jitrava ¥ €€ 📞 4 85 17 21 05 @ www.jitrava.cz

动物园1320餐厅（Zoo 1320）

这里有现代主义设计师设计的室内装饰以及创意美食，还有可以欣赏森林景色的优美露台。🏠 Masarykova 1320 ¥ €~€€ 📞 4 82 31 18 34

户外活动

巴比伦（Babylon）

带有一体化游乐泳池的休闲公园。🏠 Nitranská 1 🕒 周六至次周二 10:00—21:00，周五 10:00—22:00 @ www.centrumbabylon.cz

夜生活

贝德那俱乐部（Bedna Klub）

这是一家小型音乐酒吧，常有当地乐队登台表演。🏠 U Nisy 8 🕒 周一至周六 16:00起 @ www.bednaklub.cz

捷克瑞士的普雷毕施托岩层上，有一座砂岩形成的桥

本克尔酒吧（Bunkr）

这是利贝雷茨最古老的迪斯科舞厅，专注于摇滚乐。酒吧全年开业，俱乐部夏季停业。Tržní Nám. 开业时间会有变化 www.bunkrliberec.cz

住宿

兹拉蒂号角大酒店（Clarion Hotel Zlatý Lev）

酒店建造于1906年的繁荣时期，现在依旧是一块宝地。有82间客房。Gutenbergova 3 €€€ 4 85 25 67 00 www.zlatylev.cz

普拉哈酒店（Hotel Praha）

这是一家真正的三星级酒店，它的布置和外观仿照青春艺术的风格。有35间客房。Železná 1 €€ 4 85 10 26 55 www.hotelpraha.net

普雷奇敦茨卡酒店（Prezidentska Chata）

这里是现代酒店与野外的山中小屋的结合，还有非常不错的餐厅。有12间客房。🏠 Bedřichov ¥ €~€€ ☎ 604 55 14 69 @ www.prezidentska.cz

问询中心

城市信息中心（Městské Informační Centrum）

🏠 Nám. Dr., Edvarda Beneše 1 ☎ 4 85 10 17 09 @ www.liberec.cz

周边景点

捷克瑞士（České Švýcarsko）（折页 G1）

捷克瑞士在萨克森的边境处，拥有壮观的砂岩。普雷毕施托岩层（Pravčická Braná）是最重要的景观。信息中心（Infozentrum 🏠 Křinické Nám.10 ☎ 4 12 38 34 13 @ www.ceskesvycarsko.cz）位于克拉斯纳–利帕（Krásná Lípa）。捷克瑞士距利贝雷茨60千米。

加斯特德山（Ještěd） ●（折页 H–J2）

加斯特德山（海拔1 012米）距中心区7 000米，可以从霍尔尼–哈尼霍夫（Horní Hanychov）城区乘坐缆车参观。山峰上建造于20世纪60年代的未来主义风格电视塔尤其值得一看。在观景餐厅和酒店（有17间客房和2间公寓 🏠 Horní Hanychov 153 ¥ €€~€€€ ☎ 4 85 10 42 91 @ www.jested.cz）的房间里能够看到环绕四周的绝美景色。有几个房间未经整修，请预订当地锦囊▶较贵的房间。

克拉科诺谢山（Krkonoše）（折页 J–K2）

克拉科诺谢山的最高峰是雪峰（Sněžka），海拔1 602米，这也是捷克的最高峰。徒步旅行的最佳起点是派克珀德–斯内茨寇（Pecpod Sněžkou），在利贝雷茨以东100千米处。这里有大量住宿地点，且种类齐全（详情请查询 @ www.pecpodsnezkou.cz）。

利托梅日采

（Litoměřice）（折页 G2）**在捷克，人们都说这座城市的教堂和人口一样多。**

其实利托梅日采的人口达到了2.6万，因此这种比较无法成立，但是这里教堂的数量之多着实令人惊叹。自1655年起，利托梅日采就是主教的驻地，教士深刻地影响着这座城市的样貌。由于此处为丘陵起伏的地带，在环游城市的时候您总能拥有新奇的视角。

景点

教区博物馆（Diecezní Muzeum）

几个世纪以来，教士们都在收集宗教艺术作品，收藏的结果可以在这里看到。除了许多当地艺术家的作品之外，卢卡斯·克拉纳赫（Lucas Cranac）的真迹也在展出之列。🏠 Mírové Nám. 24 🕒 4—9月 周二至周日9:00—12:00、13:00—18:00，10月至次年3月 周二至周日9:00—12:00、13:00—17:00 @ www.galerie-ltm.cz

圣斯蒂芬大教堂（Katedrá La Sv. Štěpána）

这座建于17世纪的大教堂在这一地区最为壮观，矗立在教堂山上较偏的位置。您可以从这里出发，沿着古老的防御工事漫步至其他教堂，特别是耶稣会教堂（Maria Verkündigungs-kirche/Kostel Zvěstování P. Marie）。它曾被用作营地，现在则是展厅。

城中地道（Litoměřické Podzemí）

集市广场周围的房屋与地下隧道和地下室系统相连。在366米长的地道中，有时长20分钟的讲解。可以通过组织行程的拉德尼茨尼–斯克利佩克餐厅（Radniční Sklípek 🏠 Mírové Nám. 21 ¥ € ☎ 4 16 73 11 42 @ www.radnicni-sklipek.cz）进入地道。

自由广场（Mírové Náměstí）

这片广场受到了哥特风格和文艺复兴的深刻影响。有3幢文艺复兴风格建筑非常显眼：圣餐屋（15号）、黑鹰屋（4号）和市政府（40号）。这里也是保存完好的美丽侧巷的起点。

北波希米亚美术馆（Severočeská Galerie）

各时期的画作都汇聚在这里，从哥特时代到19世纪。有当代的本地艺术家定期展览。🏠 Michalská 7 🕒 4—9月 周三至周日9:00—12:00、13:00—18:00，10月至次年3月 9:00—12:00、13:00—17:00 @ www.galerie-ltm.cz

美食

乌兹拉特霍–巴赞塔酒吧（U Zlateho Bazanta）

这家酒吧的老板还开了一家古玩店，所以这里看上去也有古玩店的感觉。这里的菜品很实在，氛围也同样独特。🏠 Mírové Nám. 13 ¥ € ☎ 4 16 73 24 54 @ www.mazanec.cz

住宿

卫士酒店（Salva Guarda）

奇幻的彩色刻饰墙面装点着这座文艺复兴式的宫殿，一层是哥特风格。有20间客房。🏠 Mírové Nám. 12 ¥ €€ ☎ 4 16 73 25 06 @ www.salva-guarda.cz

问询中心

城市信息中心（Městské Informační Centrum）

🏠 Mírové Nám. 7 ☎ 4 16 73 24 40 @ www.litomerice.cz

周边景点

泰雷津（Terezín）★（折页 G2）

这是一座要塞城市（距利托梅日采3 000米），被砖砌城墙和长达数百米的营房围绕。这座城市建成于18世纪，是奥地利皇后玛丽亚·特蕾莎为抵御普鲁士军队而下令建造的。它的历史与纳粹德国有着密不可分的联系，这里曾建有一处集中营和一处犹太人居住区。在这里超过3万人被杀害，约9万人被转送到其他的集中营。有两座博物馆展示了纳粹政权的骇人

斯美塔那广场旁由约瑟夫·瓦哈尔制成的墙面装饰

行径：泰雷津纪念馆（Gedenkstätte Theresienstadt 🏠 Principova Alej 304 🕒 11月至次年3月 8:00—16:30，4—10月 8:00—18:00 @ www.pamatnik-terezin.cz）和犹太人区博物馆（Ghetto Museum 🏠 Máchova 178 🕒 11月至次年3月 9:00—17:30，4—10月 9:00—18:00）。

利托米什尔

（Litomyšl）（折页 L4）**1824年，伟大的作曲家贝多伊齐·斯美塔那出生在这座人口1万的小城中。**

★利托米什尔是波希米亚地区的一块宝地，已被纳入联合国教科文组织的《世界遗产名录》。这座城市拥有宫殿和集市广场区域，是欧洲最重要的文艺复兴城市之一。这里的生活似乎充满了压力与忙碌，但是在6月和7月，一种出乎意料的生活方式便会在利托米什尔觉醒。每到这时，长达3周的斯美塔那戏剧节（Smetana Festspiele）会吸引全世界的艺术家和观众来到这里。

景点

修道院（Klášter）

这座外观独特的修道院和附属的司铎修会教堂都不可进入。🌿公园则提供了欣赏这座城市的极佳视角，公园中央有一处人工水景和一座喷泉。

斯美塔那广场（Smetanovo Náměstí）

主广场自然是以斯美塔那命名，四周房屋的排布和其间的步行大道都有斯美塔那的影子，单独看，每一面墙都是一件艺术品。尤其值得注意的是帕塞卡膳食公寓（Pension Paseka）的建筑墙面，其装饰由插画家约瑟夫·瓦哈尔（Josef Vácha）于20世纪初制成。

宫殿（Zámek）

至今艺术史学家仍对3层的步行大道的各方面都感到惊奇，这座16世纪的文艺复兴宫殿是建筑艺术的奇迹。4月、10月 周六、周日10:00—16:00，5月 周二至周日10:00—16:00，6月、9月 周二至周日9:00—17:00，7月、8月 周二至周日10:00—18:00 www.zamek-litomysl.cz

美食

波厄姆餐厅（Bohém）

这是阿普劳斯酒店（Hotel Aplaus）里的现代捷克料理餐厅，带有可以欣赏修道院景色的冬园。Smetanovo Nám. 181 €€€ 4 61 61 49 00 www.hotel-aplaus.cz

玛利斯维特餐厅（Malý Svět）

这是一家拥有国际化料理的别致餐厅。Mariánska 1097 周一至周六 €~€€ 7 77 29 32 03

住宿

波德克拉斯特瑞姆膳食公寓（Penzion Pod Klášterem）

公寓就在修道院墙下方，附属的餐厅同样值得推荐。有3间客房。Boženy Nemcové 158 € 4 61 61 59 01 www.podklasterem.cz

当地锦囊 斯美塔那（Smetana）

贝多伊齐·斯美塔那出生在从前的宫殿中，目前这些房间可作为公寓出租。Jiráskova 133 €~€€ 4 61 61 25 75 www.smetana-litomysl.com

问询中心

信息中心（Informační Centrum）

Smetanovo Nám. 72 4 61 61 21 61 www.litomysl.cz

玛丽亚温泉市

（Mariánské Lázně）（折页D4）★**玛丽亚温泉市的居民称鲜艳的黄色为“帝王黄”，城市里的许多墙面都被刷上了这种颜色。**

多姿多彩、熠熠生辉、富有魅力，就是这座水浴城市今天的样貌，全世界许多知名人士曾经居住在这里，包括奥地利皇帝。玛丽亚温泉市（人口1.4万）的历史仅能追溯到1808年，在此之前，这里是一片森林。轻微弯曲的柱廊构成这座水浴城市的核心，在附近您能找到浴场公园、最美的步行道以及最华美的酒店和浴池。

景点

柱廊（Kolonáda）

柱廊建于1888—1889年，钢铁架构带有新文艺复兴风格的装饰，是主步行道的一部分。夏天，这里每天都有巨型的浴场音乐会。柱廊北侧与新古典主义的十字喷泉（Křížový Pramen）相连。柱廊长达119米，天花板上是一幅艺术感十足的湿壁画，表达了对飞翔的渴望。

帝国时代贵族散步的地方：玛丽亚温泉市的柱廊

浴场公园

几个相连的公园贯穿整个内城。尤其值得参观的是斯卡尔尼克公园（Skalníkovy Sady），里面的●音乐喷泉每天都会多次跟随音乐的节奏喷水。南边的亚历山大矿泉（Alexandraquelle）旁有一座公园，与斐迪南矿泉（Ferdinandsquelle）边的公园相连。

美食

多玛餐厅（Doma）

充满设计感的室内装饰吸引着年轻的顾客，这里提供源自波希米亚的精致美食。🏠 Anglicka 23 ¥ €€~€€€ ☎ 3 54 40 20 05 @ www.restaurantdoma.cz

菲利普餐厅（Filip）

提供捷克美食的小餐馆，很受当地人欢迎，常常客满。🏠 Poštovní 96 ¥ € ☎ 3 54 62 61 61

美迪特餐厅（Medité）

如果吃腻了波希米亚的饺子，您可以在这里找到不同的选择，西班牙

小吃是这家神奇餐厅的特色。🏠 Hlavní 7 ¥ €€ 📞 3 54 42 20 18 @ www.medite.cz

爱国者别墅餐厅（Villa Patriot）

这家餐厅是一家有着华丽的新古典主义外观的酒店的核心，拥有舒适、现代的室内布置，菜品专注于少数野味及鱼类菜肴。🏠 Dusíkova 62 ¥ €€ 📞 3 54 67 31 43 @ www.villapatriot.cz

户外活动

步行道

林间道路环绕着中心区域，通往绝美的观景地点，如东边的新景观（Nová Vyhlídka）；途经大量泉源，大多在北边。

住宿

波希米亚酒店（Hotel Bohemia）

酒店有着装饰繁复的墙面以及光辉的历史，从有着现代化装潢的房间里可以看到音乐喷泉和柱廊。有76间客房。🏠 Hlavní Třída 100 ¥ €€€ 📞 3 54 61 01 11 @ www.orea.cz/bohemia

法尔肯施泰因水疗大酒店（Falkensteiner Grand Spa）

这个面积2 500平方米的大型健康中心同样闪烁着历史的光辉。有168间客房。🏠 Ruská 123 ¥ €€€ 📞 3 54 92 93 96 @ www.falkensteiner.com

瑞士小屋（Swiss House）

这是一幢位于中心区之外的古老别墅，处在森林的边缘。有6间客房，也包含适合全家入住的公寓。🏠 Zeyerova 87 ¥ €~€€ 📞 3 54 60 22 00 @ swisshouse.cz

问询中心

信息中心（Informační Centrum）

🏠 Hlavní Třída 47 📞 3 54 62 24 74 @ www.marianskelazne.cz

霍多瓦普拉那的啤酒浴极其普遍

周边景点

泰普拉河畔贝乔夫（Bečov Nad Teplou）（折页 D4）

泰普拉河畔贝乔夫（城区北边21千米处）的城堡宫殿建筑涂有鲜艳的粉蜡色彩，更像是一座带有防御城墙的堡垒。圣毛鲁斯（Maurus）的遗骨匣、宫殿的居室和客厅都值得一看（4月、10月 周六、周日10:00—17:00，7月、8月 周二至周日10:00—18:00 @ www.zamek-becov.cz）。

如果您饿了，赫拉迪尼巴斯塔餐厅（Hradní Bašta）是一个不错的选择，在露台上您将找到欣赏城堡的最佳视角。这里还有附属的膳食公寓（Nám. 5. Května 19 ¥ € 3 53 22 28 02 @ www.hradnibasta.cz）。如果从这里前往洛克特，请选择通过霍尔尼-斯拉夫科夫（Horní Slavkov）的路线，当地锦囊 迷人的街道蜿蜒穿过森林景观。

省钱有道

夏天，在大学城赫拉德茨-克拉洛韦、利贝雷茨、帕尔杜比采和比尔森能够租到便宜的宿舍房间。详细信息请咨询游客信息中心。

如果您在前往浴场三角的路上，请带上一个杯子，这样您就可以●免费品尝治愈之水，而不必去购买当地浴场的特制杯子。

霍多瓦普拉那（Chodová Planá）（折页 D4）

实际上，如果没有普莱夫卡（Plevka）家族，这里不过是一个不起眼的村庄（城区南边8千米），他们将小小的酿酒厂扩建成了生意兴隆的企业，其中包括著名的当地锦囊啤酒浴。除此之外，每天14:00左右都有一次酿酒厂导览，这里还有一家酒店U Sládka（Pivovarská 107 ¥ €€ 3 74 79 41 81 @ www.chodovar.cz）和建在岩石中的酒馆Ve Skále（Pivovarská 107 ¥ €~€€ 3 74 79 81 22），一个曾经存放啤酒桶的地方。

特普拉慈善机构（Klášter Teplá）（折页 D4）

该设施（距城区12千米）建于12世纪，1950年起曾被用作营房，还曾有几位修道士住在这里。尽管外部有些损坏，这座巴洛克教堂内部的装饰和附属的图书馆还是得到了很好的整修。 2—4月、10—12月 周一至周六9:00—15:30，5—9月 周一至周六9:00—17:00、周日11:00起 @ www.klastertepla.cz

科尼茨瓦特（Kynžvart）（折页 D4）

科尼茨瓦特位于城区西北方向17千米处，最初的巴洛克宫殿是在奥地利总理冯·梅特涅（Von Metternich）亲王的委托之下建造的，于1820—1833年改建成法兰西第一帝国风格。宽广的景观公园也值得一看，它坐落在一个高尔夫球场的边缘。带有总理办公室、武器收藏、图书馆和珍品博物馆的宫殿仅允许在讲解员的带领下进入。 4月、10月 周六、周日9:00—16:00，5—6月、9月 周二至周日9:00—16:00，6月、8月 周二至周日9:00—12:00、13:00—17:00

帕尔杜比采的赛马是世界上最激烈的比赛之一

帕尔杜比采

（Pardubice）（折页 K4）**帕尔杜比采这座古城中的文艺复兴建筑群可以说是全捷克最美的，其与围绕在小小的市中心周围的工业建筑形成强烈的对比。**

除此之外，这座人口8.8万的大学城还因两件事在捷克出名：一是每年10月举行的越野障碍赛马，这是欧洲最激烈的比赛之一；二是因为

"Perníky"，即波希米亚的姜饼。

景点

佩恩施泰因广场（Pernštýnské Náměstí）

集市广场旁华美的建筑装饰外墙是这座城市最有魅力的地方。大多数房屋建于18、19世纪，其中新文艺复兴风格的市政府令人印象深刻。最漂亮的建筑在东侧，东波希米亚美术馆（Východočeská Galerie 🏠 Pernštýnské Nám. 50 🕒 周二至周日10:00—18:00 @ www.vcg.cz）在这里。在其餐厅的露台上，您也可以看到60米高的16世纪塔楼。绿色大门（Zelená brána）就通往这座塔楼，这扇浮雕装饰的门是这座城市的标志。

东波希米亚剧院（Východočeské Divadlo）

这些青春艺术风格的墙面上鲜艳的镶嵌艺术源自19世纪的捷克全国运动繁荣时期，表达爱国的主题：建立了布拉格传奇的侯爵夫人莉布丝公主（Libuše）与胡斯信徒统帅扬·杰士卡（Jan Žižka）的关键一战。🏠 U Divadla 50 @ www.vcd.cz

宫殿（Zámek）

这座建于16世纪的宫殿的墙面装饰非常吸引眼球，其骑士大厅和文艺复兴时代的花格平顶尤其值得欣赏。这里有两家博物馆，展示古老的钱币和武器收藏。这座宫殿公园从教堂大街（Kostelní）进入，它占据了古城最大的面积。🕒 周二至周日10:00—18:00

美食

德沃科霍库餐厅（U Dvou Kohoutků）

主要经营鱼类菜肴的高档料理餐厅，内庭的露台在夏季十分优美。🏠 Smilova 364 🕒 周日闭店 ¥ €~€€ 📞 4 66 61 52 27 @ www.udvoukohoutku.cz

皮沃瓦尔卡餐厅（Pivovarka）

位置略微偏僻，环境不太优美，但直接隶属于当地酿酒厂佩恩施泰因（Pernštejn）。餐厅啤酒的可选品牌众多，菜品较为粗犷。🏠 Palackého 250 🕒 周一至周六 ¥ € 📞 4 66 51 13 21 @ pivovarka.cz

购物

波希米亚姜饼全年有人制作和售卖。可以前往独具传统特色的当地锦囊 雅诺斯面包房（Bäckerei Janoš 🏠 K Polabinám 1895）购买。

住宿

100酒店（Hotel 100）

这是中心区一座具有观赏价值的老房子里的小型家庭酒店，房间状况良好。有11间客房。🏠 Kostelní 100 ¥ € 📞 4 66 51 11 79 @ www.hotel100.cz

问询中心

信息中心（Informační Centrum）

🏠 Nám. Republiky 1 📞 4 66 76 83 90 @ www.ipardubice.cz

比尔森

（Plzeň）（折页 E5）听到比尔森这个名字，人们首先会想到这里优质的啤酒。实际上，1842年以比尔森酿酒法首次酿造出啤酒的酿造厂无疑是城市环游的一大亮点。

在这座人口16.3万的北波希米亚的中心城市，生活氛围因为大学生的存在变得生机勃勃。多年占据主导地位的重工业无疑改变了这座城市的样貌，丑陋的混凝土建筑无法忽视，只有相对狭小的内城中心逃过了变成这种建筑的劫难。

CITY 从这里出发

共和广场（Náměstí Republiky）：从这里出发，几乎所有景点都可以步行到达。您可以在帕拉奇广场（Palackého Náměstí）上的新犹太教堂（Neuen Synagoge）旁找到有守卫的中央停车场，从这里3分钟内就能步行到达中央广场。城铁1号线和2号线从火车总站发车。到达共和广场，步行需要约15分钟。

景点

洛特克博物馆（Muzeum Loutek）

捷克拥有历史悠久的木偶传统。这里一直生产具有艺术感的玩偶，也同样拥有最灵巧的傀儡师。比尔森有一家博物馆专门展出这类艺术品，不只是面向儿童开放。Nám. Republiky 23 周二至周日10:00—18:00 www.muzeumloutek.cz

国家广场（Náměstí Republiky）

巴洛克和文艺复兴式的房屋围绕

比尔森的犹太大教堂也作为音乐厅和展厅使用

着中心的广场。在1681年的鼠疫纪念碑和最华丽的建筑市政府旁，圣巴塞洛缪大教堂（St. Bartholomäus Kathedrale）是这里的主角，其内部的部分雕塑甚至出自14世纪，显现出一种特别的威严。在教堂的塔楼上，您将拥有欣赏古城的最佳视角。

比尔森之源（Plzenský Prazdroj）

游览酿造厂和博物馆自然是一场比尔森啤酒的大型宣传活动，但是这里的啤酒确实品质优良，就连对啤酒不感兴趣的人也会不禁想要尝尝。从博物馆出发，也有前往中世纪地下墓穴的导览项目（U Prazdroje 7 3 77 06 28 88 游客中心 10月 8:00—18:00，5—9月 8:00—19:00，10月至次年3月 8:00—17:00）。酿造厂提供德语讲解（周一至周五一天一次，周六、周日两次，最新的开始时间见 www.prazdrojvisit.cz）。

犹太教堂

这座摩尔及罗马风格的犹太大教堂（Velká Synagoga Sady Pětatřicátníků 7）建于1892年，是继纽约和布达佩斯的犹太教堂之后世界第三大犹太教堂。老犹太教堂（Stará Synagoga Smetanovy Sady 5）隐藏在一处内庭里，它现在为当地教区所用。其多数成员在第二次世界大战中遇害，这里仅剩100名成员。仅4—10月开放，周日至次周五10:00—18:00

西波希米亚美术馆（Západočeská Galerie）

比尔森两个相邻的博物馆建筑都采用了浮夸的布置风格，其中有多变的展览。仅仅欣赏建筑就很值得：这两幢都是历史建筑，装修独具艺术感，与背景融合得很好。Pražská 13/Pražská 18 周二至周日10:00—18:00 www.zpc-galerie.cz

美食

布迪诺餐厅（Budino）

这座城市最具人气的意大利餐厅，有年轻的团队、创新的菜单。这家餐厅的特色之一是为感兴趣的顾客举办的烹饪课程，在周日举行。Pallova 6 周一至周六 € 7 76 35 14 26

艾尔西德（El Cid）

氛围别致的西班牙小吃餐厅，在年轻顾客当中备受喜爱。其中包括优雅的大餐厅（Grand Restaurant Opeckého Sady 12 周一至周六 €€~€€€ 3 77 22 45 95 www.elcid.cz）和塔帕斯酒吧（Tapas Bar Křižíkovy Sady 1 €€~€€€ 3 77 22 45 95 www.elcid.cz），让人想起西班牙的乡村餐厅。

曼斯菲尔达餐厅（U Mansfelda）

这里有经典的波希米亚料理和精酿的啤酒。如果您喜欢粗犷的风格，可以进入带有拱顶的奇特地下室。Dřevěná 9 € 3 77 33 38 44 www.umansfelda.cz.cz

皮杰兹皮酒吧（Pi.Jez.Pi）

这是一家吸引年轻客人的新潮酒吧，店名就是酒吧的目标：意思是“喝—吃—喝”。Americká 38 € 3 77 33 13 08 www.pijezpi.janak-bros.cz

夜生活

在比尔森，最好在一家真正的"Pivnice"（啤酒馆）里结束一天的生活。主广场周围就有许多这样的店家，城中最古老的是当地锦囊萨尔茨曼努（U Salzmannu 🏠 Pražská 8 @ www.usalzmannu.cz）。

祖姆波斯卡-斯特多拉（Žumberská Stodola）

这是内城附近一家不止在大学生中备受喜爱的俱乐部，最有名的就是这里优质的鸡尾酒。🏠 Bezručova 14 🕒 周一至周六 @ www.zumberskastodola.cz

住宿

安哥罗酒店（Hotel Angelo）

这是酿酒厂对面的现代酒店。有144间客房。🏠 U Prazdroje 6 ¥ €€~€€€ ☎ 3 78 01 61 11 @ www.angelo-pilsen.cz

阿斯托利酒店（Hotel Astory）

内部采用现代设计，客房别致优雅。有31间客房。🏠 Nadražní 26 ¥ €€ ☎ 3 79 30 23 02 @ www.astory.cz

露丝酒店（Hotel Rous）

酒店距离主广场仅几步之遥，位于一幢老民房里，风雅的客房布置能够很好地与老房子的魅力相搭配。有18间客房。🏠 Zbrojnicka 7 ¥ €€ ☎ 3 77 32 02 60 @ www.hotelrous.cz

茨沃努酒店（Hotel U Zvonu）

位于市中心的经典商务酒店，老板是马丁·斯特拉卡（Martin Straka），前捷克冰球国家队运动员。有27间客房。🏠 Pražská 27 ¥ €€ ☎ 3 78 01 18 55 @ www.hotel-uzvonu.cz

问询中心

信息中心（Informační Centrum）

🏠 Nám. Republiky 41 ☎ 3 78 03 53 30 @ www.plzen.eu

周边景点

当地锦囊克拉德露比修道院（Klášter Kladruby）（折页 D5）

一眼望去，这一建筑（城区西边34千米处）像一座损毁的农庄，但是在表面的裂痕之下隐藏着的却是梦幻巴洛克的本质。内行会将这座本笃会修道院归为全国最重要的教堂建筑，建筑家基利安·伊格纳茨·迪岑霍弗和乔万尼·桑蒂尼（Giovanni Santini）曾参与建设。它的历史可以追溯至12世纪，单是深色木材制成带雕刻的合唱队座椅就值得前来参观。有两个导览项目可供选择：第一个的重点在教堂及修道院长曾经的居室；第二个则侧重于冬季食堂和带有巴洛克时代石雕的展室等公共空间。🕒 4月、10月 周六、周日10:00—16:00，5月 周二至周四13:00—16:00、周五至周日10:00—16:00，6—8月 周二至周日9:00—17:00，9月 周二至周日10:00—16:00，仅教堂有讲解。

中波希米亚

如同幻想般美妙的一处风景，这里有茂密森林覆盖的小山，从上面的堡垒可以看到整片区域，下面则是充满艺术感的公园以及其中豪华的宫殿。这一带从西边贝龙卡河（Berounka）流经的森林峡谷延伸至东边肥沃的低地。伏尔塔瓦河从中间穿过，在梅尔尼克（Mělník）与易北河汇合。

这些都是中波希米亚的风景。这一地区围绕着首都布拉格并向四周延伸，因靠近首都而享有特权，所以这里的经济状况是最好的，从其城市和村庄的样貌就可以看出来，其公园和花园设施得到了很好的维护，建筑的外墙和屋顶在过去几年里得到了修缮，一切都熠熠生辉。

库特纳霍拉

（Kutná Hora）（折页 J4）库特纳霍拉这座人口2万的城市每一个角落都能够见证它昔日的辉煌：集市广场旁华丽的住宅、权贵们的房子、防御工事、一座修道院和一座大教堂，都令游客肃然起敬。

发掘于13—17世纪的银矿，使库特纳霍拉在中世纪成为波希米亚隐秘的中心。今天，帕拉奇广场周围的小巷成为主要的生活区域。巴尔玻斯卡（Barborská）大街从这片千回百转的区域延伸至大教堂，路边有许多圣像，走在这条路上，名列《世界遗产名录》的历史中心将出现在眼前。

上图：俯瞰布拉格的旧城广场

布拉格是被迷人的宫殿、城堡和童话般的城区围绕着的宏伟的中心点。

景点

圣芭芭拉大教堂（Chrám Sv. Barbory）★

这里的人们曾想建设一个石质的地标，也就是一座大教堂，即使是布拉格的圣维特大教堂（Katedrála sv. Víta）都会相形见绌。他们请来了建筑师彼得·帕尔莱日（Peter Parler），他们耗尽了资金，但是不管从规模还是装饰上来看，这幢建成于15世纪的后哥特式建筑都令人赞叹不已。🏠 Barborská 🕒 2月、11月 10:00—16:00，3月 10:00—17:00，4—10月 9:00—18:00

要塞（Hrádek）

这幢雄伟的防御建筑曾是矿区的中心，如今成了捷克银制品博物馆。最精彩的是 当地锦囊 城市地下的银矿导览。注意：道路非常狭窄。🏠 Barborská 28 🕒 4月、10月 周二至周日 9:00—17:00，5月、6月、9月 周二至周日9:00—18:00，7月、8月 周二至周日10:00—18:00，11月 周二至周日 10:00—16:00 @ www.cms-kh.cz

库特纳霍拉华丽的大教堂壮观地立于城市之上

藏骨堂（Kostnice）★

在郊区赛德莱克（Sedlec）一处墓室的地下有4万名死者的尸骨被堆成金字塔、武器和烛台的形状。中世纪的欧洲鼠疫和胡斯战争过后，这片墓地的空间就不够用了，僧人们采用迁葬作为临时对策。🏠 Zámecká 172 🕒 11月至次年2月 9:00—16:00，3月 9:00—17:00，4—9月 8:00—18:00 @ www.kostnice.cz

意大利宫（Vlašský Dvůr）

自13世纪末起，王国的钱币就存放在意大利宫。受瓦茨拉夫二世（Wenzel II）之托，来自佛罗伦萨的铸币工人开始在这里铸造“布拉格格罗森”。这栋建筑后来被扩建成为带有豪华接见厅的皇宫。🏠 Havlíčkovo Nám. 522 🕒 3月、10月 10:00—17:00，4—9月 9:00—18:00，11月至次年2月 10:00—16:00

美食

达奇基餐厅（Dačický）

这是古城中的啤酒馆及餐厅，风格粗犷，提供经典的波希米亚菜。尝尝达奇基的啤酒吧！🏠 Rakova 8 ¥ €~€€ 📞 3 27 51 22 48 @ www.dacicky.com

斯耐卡-珀霍达尔餐厅（U Šneka Pohodáře）

这是面向年轻人的新潮餐厅，菜单上从意大利面到牛排一应俱全。🏠 Vladislavova 33 ¥ € 📞 3 27 51 59 87

Restaurace V Ruthardce

这家餐厅的烤肉口味偏甜，适合爱吃甜的客人，炖肉类的捷克风味菜也很好入口，而特色酿制的啤酒是盛在酒桶里的。这家量大份足的平民餐厅，非常受游客喜爱。🏠 Dacickeho

Nám.15 ⏰ 周一至周四、周日12:00—23:00，周五至周六12:00至次日1:00 ¥ 200~500捷克克朗 ☎ 6 07 28 62 98 @ www.v-ruthardce.cz

住宿

克特拉庄园酒店（Chateau Kotěra）

这座位于拉特波尔（Ratboř，距城区11千米）的小宫殿，建于20世纪初，由扬·克特拉设计，风格界于分离派和实用主义之间。酒店有豪华的客房和独特的室内装饰。有36间客房。🏠 Komenského 40 ¥ €€~€€€ ☎ 3 21 61 31 11 @ www.hotelkotera.cz

特雷贝西采庄园酒店（Chateau Třebešice）

这是一家经过特别设计的酒店：两个意大利人在特雷贝西采（Třebešice，距城区5千米）买下了一座文艺复兴式的宫殿，一步步修缮完备。这家酒店有不完美的魅力：有的地方缺少装饰，有些房间还在施工。每年店主都会邀请艺术家来到这里，他们则会在宫殿中留下自己的作品。有4间客房。🏠 Třebešice 1 ¥ €€€ ☎ 7 33 35 30 51 @ www.trebesice.com

欧帕特酒店（Hotel Opat）

这是历史中心一座亲切的房子，有些房间里凸起的房梁上有充满艺术感的绘画。酒店里拥有壮观拱顶的餐厅（¥ €€）同样值得推荐。有15间客房。🏠 Husova 138 ¥ €€ ☎ 3 27 53 69 00 @ www.hotelopat.cz

问询中心

信息中心（Informační Centrum）

🏠 Palackého Nám.377 ☎ 3 27 51 23 78 @ www.infocentrum.kh.cz

周边景点

施特恩贝克城堡（Hrad Český Šternberk）（折页 H5）

施特恩贝克城堡（城区西南方向40千米处）高耸于萨扎瓦河（Száza-

必游景点

★约瑟夫城
拥有大量犹太教堂以及古老的犹太公墓的历史城区。→P.62

★旧城广场
宏伟的布拉格中心广场，是欧洲最美的广场之一。→P.64

★圣芭芭拉大教堂
库特纳霍拉顶级的后哥特式华美建筑。→P.59

★卡尔施泰因城堡
拥有梦幻般外观的中世纪城堡。→P.68

★藏骨堂
恐怖：库特纳霍拉墓室中的尸骨堆积，变成了艺术品。→P.60

★查理大桥
这座拥有百年历史的大桥是布拉格的标志。→P.62

★城堡区
雄伟的城堡高耸于布拉格小城之上。→P.62

va）的河床之上。它是捷克令人印象最深刻的城堡之一，人们在很长一段时间里都认为它是坚不可摧的。除一小段步行道之外，这里还有一座观景塔，塔上有欣赏城堡及陡峭悬崖的最佳视角。4月、10月 周六、周日9:00—17:00，5月、9月 周二至周日9:00—17:00，6—8月 周二至周日9:00—18:00 @ www.hradceskysternberk.cz

布拉格

（Praha）（折页 G-H4）**布拉格是世界闻名的“黄金之城”。捷克的首都有人口120万，这里也以“百塔之城”著称。**

在城市的中心，坐落着捷克最为宏伟的宫殿、拥有艺术装饰外墙的民宅和众多华丽的教堂。请从瓦茨拉夫广场（Václavské Náměstí）出发，沿着国王大道漫步，经过查理大桥向上来到城堡区，您会体会到这座城市迷人的魅力。

景点

城堡区（Hradčín）★（折页 a2）

曲折陡峭的小巷和狭窄的阶梯通往雄伟的城堡。这里是世界上最大的封闭城堡建筑群，圣维特大教堂以及众多的博物馆和餐厅都坐落在这里。布拉格城堡的历史可以追溯到遥远的中世纪，由于每位统治者都想留下自己的痕迹，您可以在这里看到受罗马元素以及哥特式和巴洛克式风格的影响的城堡。除了大教堂，黄金小巷（Zlatá Ulička）也是最受欢迎的景点之一。城堡是免费参观的，仅部分区域需要门票。

当地锦囊 19:00后黄金小巷也可免费参观。

约瑟夫城（Josefov）★（折页 d2–3）

在历史悠久的犹太人居住区，仅有少量建筑留存下来：布拉格最古老的犹太教堂——老新犹太会堂（Staronová Synagoga），以及附近那些低矮的、没有装饰的房屋。100年前，这一城区的街道看起来全都是这个样子，后来布拉格向外扩张，地价上涨，在曾经犹太人居住的地方建起了豪华的新房，这些房子拥有昂贵的外墙装饰，是这座城市19世纪财富的证明。众多的犹太教堂和古老的犹太人公墓还能让人想起这里曾是犹太人居住区的历史。@ www.jewishmuseum.cz

查理大桥（Karlův Most）★（折页 c3）

1357年，查理四世下令搭起查理大桥的基石的时候，伏尔塔瓦河上这一石制的路口对于布拉格来说至关重要。这座大桥由彼得·帕尔莱日设计，带有两座标志性的塔楼，是城堡

CITY 从这里出发

瓦茨拉夫广场（折页 e4）：从火车总站步行就能到达瓦茨拉夫广场，它的旁边有一栋大停车楼和一处收费的公共停车场【从威尔逊大街（Wilsonova）驶入】，但您最好还是把车停在酒店或有相应标志的停车换乘广场。地铁站博物馆站（Muzeum）和大桥站（Můstek）都在瓦茨拉夫广场旁边。

在查理大桥上，街头音乐家拥有自己的听众

与古城之间唯一的联系。立于两侧的圣像值得关注，有一个流传至今的传说：触碰圣人臬玻穆的若望（Johannes von Nepomuk）的塑像会给人带来好运——它曾被伏尔塔瓦河水冲走。

圣尼古拉斯教堂（Kostel sv. Mikuláše）（折页 b3）

这是布拉格最美的教堂！巴洛克建筑大师基利安·伊格纳茨·迪岑霍弗的这一作品达到了他自己的最高水准，在反宗教改革的时代，圣尼古拉斯教堂应当成为天主教的显著标志。🏠 Malostranské Nám 🕒 11月至次年2月 9:00—16:00，3—10月 9:00—17:00

布拉格小城（Malá Strana）（折页 a–b 3–4）

绘本中的布拉格：圆顶教堂、贵族宫殿和鹅卵石小巷——这一切都能在布拉格小城中找到，它们颇为紧凑地排列在一起。当您从查理大桥经过小城区广场（Malostranské Náměstí），走在通往布拉格城堡大门的聂鲁达（Nerudova）老街时，您将看到最美的景色。

国家美术馆（Národní Galerie）

展览宫（Veletržní Palác）是一幢现代派建筑，如今是捷克国家美术馆的驻地。在1.35万平方米的展区中，有20世纪及21世纪的珍贵艺术品可供参观。🏠 Dukelských Hrdinů 47 🕒 周二至周日10:00—18:00 @ www.ngPrahaue.cz

市政厅（Obecní Dům）（折页 e3）

市政厅于1912年落成，窗户、门、地面和外墙都保留了青春艺术的风格，就连屋顶也有精细的雕刻。阿尔丰斯·穆夏，分离派的大师，也参与了这一建筑的建设。建筑内部的吊灯和楼梯间里铺设的马赛克砖都显得无比华丽，其中的斯美塔那大厅（Smetana Saal）是城中最美的音乐厅。一层的咖啡厅因其室内设计被视作欧洲最豪华的咖啡厅。🏠 Nám. Republiky @ www.ovecnidum.cz

佩特任山（Petřín）（折页 a4）

布拉格人称这座城堡区附近的山为"恋人之山"，在这里您能够看到城中塔楼的全景。从山谷车站乌杰斯特（Újezd）起，有一条当地锦囊缆车路线。仅仅为了上面的景色，您也应该登上钢制的塔楼，它看起来就像微缩版的巴黎埃菲尔铁塔（3月、10月 10:00—20:00，4—9月10:00—22:00，11月至次年2月 10:00—18:00）。

旧城广场（Staroměstské Náměstí）★（折页 d3）

此地是这座城市豪华气场的结晶，主角是带有著名的布拉格天文钟（Pražský Orloj）的老城市政厅和当地锦囊可进入的观景塔，以及波希米亚的改革者扬·胡斯的铜制纪念碑和带有标志性双塔楼的泰恩教堂（Týnský Chrám）。这里的建筑外墙和宫殿装饰繁复，10多处民宅奢华地展现着这座城市的财富。请您晚上一定要再来一次！灯光下的广场更具迷人的魅力。

瓦茨拉夫广场（Václavské Náměstí）（折页 e4）

这座历史悠久的广场实际上是一条漫长的步行大道，中间有绿化带，两侧是宽阔的人行道。1968年，华沙条约组织的装甲部队在这里镇压了争取自由的共产主义者的游行，1989年的大规模抗议也在这里落下帷幕。最具标志性的建筑是前方尽头处的国家博物馆，在它的入口处您可以欣赏整个广场和圣人瓦茨拉夫命名的骑兵塑像。分离派风格的卢切尔纳大道

建于1410年的市政厅天文钟

(Lucerna Passage)同样值得参观，路边有剧院、当地锦囊 咖啡厅、电影院和商店。

威隆拉第(Vinohrady)(折页 f5–6)

绕道前往自由广场(Náměstí Míru)周边的威隆拉第住宅区，您可以了解到布拉格人优雅的生活方式。20世纪初，这里是繁荣时期扩展出来的城区，富有的人们至今仍在这里享受自由自在的生活。

美食

安哥拉托(Angelato)

夏天，客人们会为了这里的冰激凌排队到街上，请一定要尝尝开心果水激凌！ Rytířská 27(折页 d3)；Újezd 24 B(折页 b4) 3—12月 @ www.angelato.cz

迪诗餐厅(Dish)(折页 f5)

这可能是布拉格最好的汉堡店，还有几道创新做法的捷克经典菜品。请预约！ Římská 29 €€ 2 22 51 10 32 @ www.dish.cz

帝国咖啡厅(Café Imperial) ● (折页 f2)

豪华的咖啡厅、装饰丰富的墙砖让人想起奥斯曼风格的华美建筑，这是布拉格的一家名店。 Na Poříčí 15 €€ @ www.cafeimperial.cz

卡利纳餐厅(Kalina)(折页 d3)

餐厅有精致的国际菜品，位于绝佳的位置，旧城广场就在旁边。 Dlouhá 12 周日闭店 €€€ 2 22 31 77 15 @ www.kalinarestaurant.cz

科尼尔那餐厅(Konírna)(折页 c4)

这是一家浪漫的马耳他广场(Malteserplatz)旁的餐厅，以其原始的特色菜著称，精致的创新捷克菜十分出色。 Maltézské Nám. 10 €€ 2 57 53 41 21 @ www.konirna.eu

轻脑袋餐厅(Lehká Hlava) ● (折页 c4)

这是城中为数不多的素食餐厅之一，餐厅的氛围有些神秘，这里提供纯素食菜。 Boršov 2 € 2 22 22 06 65 @ www.lehkahlava.cz

卢浮咖啡厅(Café Louvre)(折页 f2)

这是一家依然散发着20世纪初期魅力的咖啡屋。请从一层走楼梯到最

在人气城区泽兹科夫的布考斯基酒吧

上面。Národní 22 ¥ €~€€ 2 24 93 09 49 @ www.cafelouvre.cz

马提尔达餐厅（Matylda）（折页c5）

这家餐厅开在一艘船上，通过巨大的窗户可以望见布拉格的全景，餐厅提供优质的意大利菜。Masarykovo Nábřeží ¥ €€€ 7 24 80 01 00 @ www.botelmatylda.cz

沃多查餐吧（U Vodoucha）

这是一家独具风格的酒馆，提供波希米亚菜，来这里必须预约，餐吧提供10多种小酿酒厂出品的成桶啤酒。Jagellonská 21 ¥ €~€€ 7 36 62 32 94

Hanabi寿司屋（Hanabi Sushi House）

这家寿司店的食物非常丰富，不仅有多款新鲜的刺身和寿司，还有味噌汤、海带丝等经典配菜，甚至还可以选寿喜烧或者火锅涮肉。在异国旅行如果怀念家乡菜，接近中国口味的日料店是不错的选择，价格也很合理。Petrska 11，Prague 110 00 周一至周日12:00—23:00 ¥ 250~500捷克克朗 2 22 32 46 34 @ www.ihanabi.cz

购物

服装/饰品

繁华的城区泽兹科夫（Žižkov）有年轻、休闲的服装及饰品店，如波希米亚复古店（Bohemian Retro Chvaloca 8 @ www.bohemianretro.com），提供1920—1980年的服装、太阳镜和腰带。贝亚特·瑞嘉斯卡（Beate Rajská），瑞士最有名的设计师之一，开了一家自营的高端精品店Boutique（折页d3）（Dlouhá 3 2 22 31 41 74 @ www.beata-rajska.com）。小小摇滚明星精品店（Little Rock Star）（折页d5）（Opatovická 7 @ www.littlerockstar.cz）提供婴儿、儿童和孕妇等特殊人群的服装。

夜生活

巴格西酒吧（Bugsy's Bar）（折页d3）

这家酒吧多次被评为捷克的最佳酒吧，有梦幻的鸡尾酒，选择众多！ Pařížská 10 8 40 28 47 97 www.bugsysbar.cz

卢切尔纳电影院（Lucerna Kino）●（折页e4）

卢切尔纳电影院位于瓦茨拉夫广场旁，提供一间拥有450个座位的青春艺术风格豪华大厅，许多原版或带英文字幕的电影在这里放映。 Vodičkova 36 2 24 21 69 72 www.lucerna.cz

国家剧院（National Theater）●（折页c4）

这是城中上演歌剧和芭蕾的最美舞台，演出的通常是非常经典的剧目。 Ostrovní 1 2 24 90 14 48 www.narodni-divadlo.cz

雷杜塔酒吧（Reduta）（折页d4）

首都这家爵士俱乐部的传奇故事发生在与之相称的错综复杂的地下房间。 Národní 20 www.redutajazz-club.cz

泽兹科夫（Žižkov）

这里是曾经的工人区，如今是布拉格各类团体的聚集地。除了著名的音乐俱乐部卫城宫殿（Palac Akropolis Kubelíkova 27 www.palacakropolis.cz），当地锦囊布考斯基酒吧（Bar Bukowski's Bořivojova 86）也已然成为夜生活的聚会地点。

省钱有道

乘电车同样可以环游布拉格城。●22路电车会悠闲地驶过许多重要的观光景点。但是请小心，小偷同样喜欢这一趟车。

如果您想要穿过乡村地区，就乘坐长途汽车，即使要去特别小的地方，也有常规线路从布拉格发车，车票非常便宜。集中发车点是地铁佛罗伦萨站（Florenc）旁的汽车总站。

住宿

阿梅迪亚剧院酒店（Amedia Hotel Theatrino）

这是由一幢青春艺术建筑中的剧院改建成的酒店，位于泽兹科夫区中心，以休闲的理念运营。有73间客房。 Bořivojova 53 €€ 2 27 03 18 94 hoteltheatrino.cz

捷克客栈旅舍（Hostel Czech Inn）

这里有宿舍和别致的标准间，有130张床（也有单人间和标准间）。德国店主以类似的模式经营着托比先生旅舍（Sir Toby's）和苏菲小姐旅舍（Miss Sophie's）。 Francouzská 76 €~€€ 2 67 26 76 00 www.czech-inn.com

萨克斯酒店（Hotel Sax）（折页b3）

这是一家小型设计酒店，隐蔽在位于中心区的布拉格小城小巷中，在德国大使馆附近。有22间客房。 Jánský Vršek 3 €€~€€€ 2 57 53

12 68 @ www.hotelsax.cz

乌尼塔斯酒店(Unitas Hotel)(折页d4)

这家曾经的修道院曾被用作警察的秘密驻地,如今它是一家舒适的酒店。瓦茨拉夫·哈维尔曾被关押在这里的一个房间中。有22间客房。🏠 Bartolomejská 9 ¥ €€€ 📞 2 24 23 05 33 @ www.unitas.cz

问询中心

布拉格信息服务(Pražská Informační Služba)(折页d3)

🏠 Staroměstské Nám. 1,老城市政厅 📞 2 21 71 44 44 @ Praha ueci-tytourism.cz

周边景点

卡尔施泰因城堡(Hrad Karlštejn)★ ● (折页G4)

这座城堡是捷克最壮观、保存最完好的要塞建筑。1348年,由国王查理四世下令在布拉格西南方向30千米处建立,贵重的珍宝被保存在这里,在此您可以欣赏到森林覆盖的梦幻景色。这一堡垒极其坚固,仅内庭就具有单独的防御功能,如果想要夺取宝藏,必须要攻破多重防御。该城堡只允许由讲解员带领参观,部分城堡区域仅预约后可参观。🕒 1月上旬 10:00—15:00,2月 周六、周日10:00—15:00,3月 周二至周日9:30—16:00,4月 周二至周日9:30—17:00,5月、9月 周二至周日9:30—17:30,6月 周二至周日9:00—17:30,7—8月 9:00—18:30,10月 周二至周日9:30—16:30,11—12月 周六、周日10:00—15:00 📞 2 74 00 81 54 ✉ rezervace@stc.npu.cz @ www.hradkarlstejn.cz

克里夫特拉城堡(Hrad Křivoklát)(折页F4)

城堡于12世纪由国王普热米斯尔·奥托卡二世(Přemysl Ottokar II.)下令建设,这座哥特式城堡(城区西50千米处)在一个世纪内多次被改建。它的魅力要归功于其出色的室内设计,大厅中布置着后哥特式的家具。城堡的小教堂、美术馆和定居此地的贵族家族菲尔斯滕贝格(Fürsten-berg)的图书馆也值得参观。🕒 1—3月 周六10:00—15:00,4月、10月 周

口福乐

口福乐(Kofola)是由一种古老的水果制成的经典饮料,捷克人将它带到了现代:这种饮料起初作为西方可乐的替代品而出现,生产商将一种带有轻微柠檬味的配料与大量咖啡因混合。在饮料种类越来越多的今天,口福乐似乎注定会失败。但一位机智的企业家让捷克人再次回忆起这种怀旧的味道,口福乐成了潮流饮品。刚开启的桶装口福乐(Točená Kofola)味道最佳,在旅游景区的饭馆中尤其常见。

二至周日10:00—16:00，5月 周二至周日10:00—17:00，6月、9月 周二至周日9:00—17:00，7—8月 周二至周日9:00—18:00，11—12月 周六、周日10:00—15:00 @ www.krivoklat.cz

康涅布鲁斯科洞（Koněpruské Jeskyně）●（折页 G4）

这一惊人的石灰岩洞穴是全欧洲最大的此类自然遗迹。这些古老的山洞形成于4亿年前，其入口位于城区西南方向40千米处，洞穴分为3层，长度超过2千米。⏲ 4—6月、9月 8:00—16:00，7月、8月 8:00—17:00，10月 8:30—15:00

利迪策（Lidice）（折页 G3）

1942年6月10日，为了报复捷克爱国者对纳粹军官莱因哈德·海德里希（Reinhard Heydrich）的袭击，纳粹屠杀了整个利迪策村（城区西北方向30千米处），因为这里可能是刺客藏身地。所有房屋遭到毁坏，几乎所有村民遇害。如今，这里有一座震撼的纪念馆。利迪策村在距此数百米远的地方悄然复兴（现人口450）。纪念馆及博物馆：⏲ 3月 9:00—17:00，4—10月 9:00—18:00，11月至次年2月 9:00—16:00 @ www.lidice-memorial.cz。

这片区域的另一端有一家美术馆（🏠 Tokajicka 152 ⏲ 开放时间同纪念馆），由于其中优秀的展览，它的名声远远地传到了这一带以外的地区。

梅尔尼克（Mělník）（折页 G3）

风景如画的小城（人口1.9万），位于城区北边40千米处。值得参观的有自由广场（Náměstí Miru）周围的古城建筑群和中心位置的宫殿建

查理四世的珍宝——卡尔施泰因城堡

筑。宫殿露台是欣赏这座城市的最好的地方：这里位于伏尔塔瓦河和易北河的汇合处。梅尔尼克是波希米亚为数不多的葡萄种植区之一，您可以在宫殿里的小店内购买葡萄酒或在餐厅直接品尝，如吕提如餐厅（U Rytířů 🏠 Svatováclavská 17 ¥ € 📞 3 15 62 14 40 @ www.urytiru.cz）。

科诺皮十切城堡（Zámek Konopiště）（折页 H5）

这座狩猎行宫（城区南边50千米处）是奥匈帝国王储弗朗茨·斐迪南·德斯特（Franz Ferdinand d'Este）的撤军之地，正是这位哈布斯堡人在萨拉遇刺从而引发了第一次世界大战。在花重金修复的房间内，您可以见证他的收藏：动物标本、迈森瓷器、烟斗以及武器。⏲ 4—5月、9月 周二至周日10:00—16:00，6—8月 周二至周日10:00—17:00，10—11月 周六、周日10:00—15:00 @ www.zamek-konopiste.cz

南波希米亚

在捷克南部，平缓的小山绵延至波希米亚林山，伏尔塔瓦河及其支流蜿蜒流过山谷。几乎每个山峰上都耸立着一座宫殿，较大的山岩上则矗立着城堡。

南波希米亚是自然天堂，人口稀少，有许多植物和稀有动物的保护区。游客能够在波希米亚林山国家公园中徒步旅行或骑行，在水库进行水上运动，抑或在伏尔塔瓦河上乘小艇漂流。对于喜欢运动的游客来说，这一地区是最佳选择（参考“独特体验之旅”）。除此之外，南波希米亚地区同样有经过修缮的美丽城市：由于这些城市位于边境地带，人们对它们的兴趣不高，因此，历史建筑、旧式的小巷和其无可比拟的魅力都被原样保存下来。

捷克布杰约维采

（České Budějovice）（折页G7）**捷克布杰约维采最具魅力的就是与其同名的啤酒和它的集市广场，这座人口9.5万的城市是南波希米亚最大的城市。**

捷克布杰约维采是捷克之外最重要的企业、机构和大学驻地。在1265年，这里的人们就拥有了“都市法”，自此这座城市的财富和影响力便不断增加。教堂遗迹构成这座城市的印象图，因为布杰约维采是捷克最古老、最重要的天主教驻地。

景点

古城

古城的中心是普热米斯尔·奥托

上图：捷克布杰约维采的赫鲁博卡城堡

波希米亚的南部是懂得享乐的人的向往之地，这里有自然天堂和富有传统魅力的小城。

卡二世广场（Náměstí Přemysla Otakara II.），它是波希米亚最大的集市广场之一。广场围绕参孙喷泉（Samsonbrunnen）以正方形延展开来，带有独特柱廊的房屋外墙呈现出巴洛克和古典主义风格，广场上最显眼的是带有3座塔楼的市政府。巴洛克式的圣尼古拉斯大教堂（Chrám sv. Mikulásě）位于一条街之外，它拥有一座建于16世纪的黑色塔楼（Černá Věž），是欣赏城市景色的最佳地点。司铎修会广场（Piaristické Náměstí）旁的玛丽亚献祭修道院教堂（Kostel Obětování Panny Marie）建于13世纪。

布杰约维采酿酒厂（Pivovar Budějovický Budvar）

布杰约维采常常徒劳地与比尔森竞争“波希米亚啤酒之都”的头衔，与美国竞争者争夺“百威”的品牌名。但是无可争议的是，这里酿造的优质啤酒出口到全世界。Karolíny Světlé 4 1—2月 周二至周六9:00—17:00，3—12月 9:00—17:00，导览每天14:00 3 87 70 53 47 www.visitbudvar.cz

美食

克拉金斯卡27号餐厅（Krajinská 27）

餐厅提供出色的波希米亚特色

普拉哈季采的富有特色的彩色装饰外墙

菜，是一家因为其小型酿造厂而备受欢迎的餐厅。🏠 Krajinská 27 ¥ €~€€ 📞 7 27 95 70 36 @ www.krajinska27.cz

都市餐厅（Metropol）

具有冷峻魅力的现代餐厅，侧重地方菜肴，透过其巨大的窗户可以看到城市的剪影。🏠 Senovážné Nám. 2 🕒 周日闭店 📞 3 87 31 12 56 @ www.restauracemetropol.cz

奥利维尔餐厅（Olivier）

在舒适餐厅中欣赏高天花板和陶瓦地砖，同时品尝地中海菜肴。夏天可以在大花园用餐。🏠 Husova 21 ¥ €€ 📞 3 86 35 00 38 @ olivierfood.cz

夜生活

酒馆

试一下主广场周围的某家酒馆吧，或者直接去当地精选 布杰约维采酒馆（Schenke Budvarka 🏠 Karla IV. 8–10 @ www.malypivovar.cz），它隶属于酿酒厂。

悖论酒吧（Paradox）

音乐和舞蹈持续到天亮，这是布杰约维采最大的迪斯科舞厅。🏠 Krajinská 5 @ www.bar-paradox.cz

住宿

布杰约维采酒店（Hotel Budweis）

古老的城市磨坊被改建成设施齐全的现代酒店。有60间客房。🏠 Mlýnská 6 ¥ €€€ 📞 3 89 82 21 11 @ www.hotelbudweis.cz

克利卡酒店（Hotel Klika）

坐落在沿古城流淌的马尔谢河（Malše）边。建议您向酒店提出要求入住酒店的新建部分。有26间客房。🏠 Hroznova 25 ¥ €€€ 📞 3 87 31 81 71 @ www.hotelklika.cz

索尔涅布拉尼酒店（Hotel U Solné Brány）

酒店有精心布置的古老而亲切的

房子，位于城墙旁边。有12间客房。 Randicní 11 ¥ €€ 3 86 35 41 21 @ www.hotelusolnebrany.cz

问询中心

城市信息中心（Městské Informační Centrum）

Nám. Přemysla Otakara II. 1 3 86 80 11 11 @ www.c-budejovice.cz

周边景点

霍拉舍维采（Holašovice）★（折页G7）

这座仅有140人的村庄（城区西18千米）因其巴洛克风格的乡村房屋被联合国教科文组织列入《世界遗产名录》。22座典型波希米亚庭院围绕着一处鱼塘，建于18、19世纪的建筑构成了那个时代的村庄建筑群。

普拉哈季采（Prachatice）（折页F7）

这座小城（人口1.2万，距布杰约维采46千米）的建筑文物受到保护，它坐落于波希米亚林山的山脚，城市中心的集市广场周围有彩色装饰的文艺复兴风格建筑是其最富魅力的标签。普拉哈季采曾经的经济来源是16世纪的食盐贸易，因为它坐落于从德国帕绍（Passau）到布拉格的贸易路线的必经之处。装饰繁复的市政府（1571年）本身就是一件艺术品。皮塞克门（Pisecká Brána）是古代防御工程唯一留存的部分。科鲁娜酒店（Koruna，有20间客房 Velké Nám. 48 ¥ € 3 88 31 01 77 @ www.ptho-tel.cz）位于中心地带，客房以斯巴达风格布置，其附属的餐厅是一个拱顶地下室，提供中世纪风格的特色菜。现代酒店阿尔巴特罗斯酒店（Albatros，有39间客房 U stadionu 397 ¥ €€ 3 88 31 02 35 @ www.hotelalbatros.cz）位于老城边缘。

特热邦（Třeboň）（折页H7）

特热邦（城区东28千米）坐落在诸多池塘中间。自中世纪起，地主们就开始挖掘特热邦盆地，以开发鱼类产业。诸多的池塘是这座城市的标志，市中心也有值得欣赏之处，例如，老城中的文艺复兴建筑和巨大的、带有彩色墙饰的文艺复兴宫（Renaissance-schloss 4—5月、9—10月 周二至周日9:00—16:00，6—8月 周二至周日9:00—17:15 @ www.zamek-trebon.eu）及其附属的英式公园。值得参观的还有施瓦岑贝格家族纪念陵墓（Schwarzenberská Hrobka 4—5月、9—10月 周二至周日9:00—16:00，6—8月9:00—17:00），它由这一富有的家族

必游景点

★霍拉舍维采
历史长达数世纪，受到联合国保护的乡村。→P.73

★赫鲁博卡城堡
外部有白色的城垛和小塔楼，内部华美繁复。→P.74

★捷克克鲁姆洛夫
伏尔塔瓦河畔处的一座无可比拟的童话之城——这里是捷克除布拉格以外最热门的旅游目的地。→P.74

★塔波尔
这座胡斯教城市16世纪的样貌被留存至今。→P.81

浪漫的街道曲折穿过中世纪风格的捷克克鲁姆洛夫

于1874年建成，呈现新哥特式风格，位于世界池（Svět）南边的一座树林公园内，有明显的路标。当地锦囊 苏皮那餐厅（Šupina）是城中最好的鱼类餐厅（Valy 155 ¥ €€ 3 84 72 11 49 @ www.supina.cz）

温佩尔克（Vimperk）（折页 F7）

温佩尔克位于城区西60千米处，作为通往波希米亚林山国家公园的关口受到人们的喜爱。近处耸立着勃彬山（Boubinský Prales），一处原始丛林围绕着它铺展开来，这里数百年来都是无人涉足之地。市内值得参观的有文艺复兴宫及其隶属的城市博物馆（5—10月 周二至周日9:00—16:00 @ www.vimperk.cz）。特拉莎酒店（Hotel Terasa，有15间客房 Pasovská 34 ¥ € 3 88 32 07 76 @ www.hotelterasa.cz）提供便捷、价格合理的住处。问询处：Nám. Svobody 42 3 88 40 22 30 @ www.info.vimperk.cz。

赫鲁博卡城堡（Zámek Hluboká）★（折页 G7）

现在看来，这座都铎风格宫殿（城区西北12千米）的白色塔楼和城垛也许有些庸俗，但在19世纪，它对于建造者来说是无比庄严的。建造者是一位施瓦岑贝格家族的侯爵，他改建了从前浪漫派风格的城堡，这个过程花费了20年，其显著的规模和独一无二的建筑设计使它成为热门的观光胜地。1—3月、11—12月 周二至周日10:00—16:00，4月 周二至周日10:00—16:30，5—6月 周二至周日9:00—17:00，7—8月 9:00—17:00，9—10月 周二至周日9:00—16:30 @ www.zamek-hluboka.eu

捷克克鲁姆洛夫

（Český Krumlov）（折页 G8）

★捷克克鲁姆洛夫位于波希米亚最南端，是一座真正的童话之城。这里的

一切都具有历史渊源：柱廊、古老的宫殿台阶、歪斜的小屋、豪华的住宅以及巴洛克式公园。

这里的每个角落都经过岁月打磨，闪耀着历史的光辉。典雅的捷克克鲁姆洛夫是捷克除布拉格之外最具人气的城市，每年有超过100万人次游客拜访这座人口1.4万的城市。

景点

古城

和谐广场（Náměstí Svornosti）是中心区的中心点，伏尔塔瓦河的河道在这里还很狭窄，它蜿蜒流过城中，使这座历史都城形成一个半岛。这里的房屋大多是矮小而棱角分明的建筑，外墙以文艺复兴和巴洛克风格为主。巴洛克式的圣维塔教堂（Kostel sv. Víta）在古城南边，高耸于伏尔塔瓦河畔。

埃贡·席勒艺术中心（Egon Schiele Art Centrum）

表现派艺术家埃贡·席勒（Egon Schiele）刚搬来这里就被人赶走了，他的画作被认为过于放纵。如今，人们在曾经的酿酒厂中为他建了一家值得参观的博物馆。🏠 Široká 71 🕒 周二至周日10:00—18:00 @ www.schiele-artcentrum.cz

宫殿（Zámek）

这座宫殿高耸于伏尔塔瓦河和古城之上，壕沟中一只真正的熊守卫着它，它的历史可以追溯到16世纪。文艺复兴、巴洛克和洛可可的元素相结合，形成一处独一无二的建筑群。5个中庭周围聚集着宫殿，其中有多达数百间的房间。推荐登上✲第二个中庭内的宫殿塔楼：在这里看到的伏尔塔瓦河的景色是无与伦比的。巴洛克式的宫殿公园中有一家小型露天剧院，观众的看台可以转动。🕒 4—5月、9—10月 周二至周日9:00—17:00，6—8月 周二至周日9:00—18:00 @ zamek-ceskykrumlov.eu

美食

捷克克鲁姆洛夫磨坊餐厅（Krumlovský Mlýn）✲

这间老磨坊中布置着各种各样的古董，是一家非同一般的餐厅，露台上能够看到城堡的梦幻景色。位置绝佳，生意兴旺。🏠 Široká 80 ¥ €€ 📞 7 36 63 44 61 @ www.krumlovskymlyn.cz

雅尔丹餐厅（Le Jardin）

这是一家优雅的餐厅，有丰盛的菜肴。🏠 Latrán 77 ¥ €€€ 📞 3 80 72 01 77 @ bellevuehotelkrumlov.cz

莱本餐厅（Laibon）✲ 🌱

伏尔塔瓦河畔的这家素食餐厅提供有趣的自创菜品，纯素食也可提供。🏠 Parkán 105 ¥ € 📞 7 75 67 56 54 @ www.laibon.cz

爸爸的生活餐厅（Papa's Living Restaurant）

提供意大利及捷克菜肴的新兴餐厅，有低调的风格、周到的服务。🏠 Latrán 13 ¥ €~€€ 📞 3 80 71 15 83 @ www.papas.cz

Krcma v Satlavske Ulici

这是一家人气超旺的网红餐厅，曾经是一座监狱，现在被改造为地窖餐厅。因为独特的体验吸引了众多的中国游客，因此店家提供了翻译精准的中文菜单。特色捷克菜和烧烤也不会让人失望，您如果想前来，务必提前预订。Horni 157 周一至周日11:00—24:00 ¥ 500~800捷克克朗 6 08 97 37 07 @ http://www.satlava.cz/en/tavern-satlava-cesky-krumlov/1

户外活动

捷克克鲁姆洛夫绝对是捷克的漂流天堂。许多皮筏出租者都会带着游客和船到上游几千米远的地方，这样您就能●在伏尔塔瓦河上惬意地划船回去。详情咨询当地旅游局。

夜生活

由于许多背包客聚集在捷克克鲁姆洛夫，所以这里晚上非常热闹，晚上的活动主要集中在古城的酒馆。扎帕酒吧（Zapa Bar Latrán 15 3 80 71 25 59 @ www.zapabar.cz）位于一间古屋的砖砌地下室，这里的活动持续到清晨。兹拉缇安黛尔酒吧（Zlatý Anděl Nám. Svornosti 11 @ www.hotelzlatyandel.cz）也备受喜爱，其哥特式拱顶在几十张桌子上方展开。

住宿

即使是民宿和公寓，这里的住宿价格也远远超出了捷克的平均水平。

德沃拉克酒店（Hotel Dvořák）

酒店位于伏尔塔瓦河畔、城堡对面，客房分为4种，从经典到奢华应有尽有。尽量要一间能欣赏风景的客房。有22间客房。Radniční 10 ¥ €€€ 3 80 71 10 20 @ www.hoteldvorak.com

捷克克鲁姆洛夫小屋（Krumlov House）

这是一家独特的旅舍，有亲切的氛围。房间玄关有盥洗室，客人多为年轻旅者。有5间客房。Rooseveltova 68 ¥ € 3 80 71 19 3[illegible] @ www.krumlovhostel.com

拿路兹酒店（HoteL Na Louží）

房间以20世纪初简约风格的家具布置而成。客房中特意没有设置电视和广播。有10间客房。Kájovská 66 ¥ €€€ 3 80 71 12 80 @ www.nalouzi.cz

佩雷格林酒店（Peregrin）

这是一家亲切的酒店，性价比很高，有友好的氛围。有10间客房。Masná 139 ¥ €€ 3 80 74 38 34 @ www.hotelperegrin.cz

斯瓦提胡贝图斯膳食公寓（Penzion Svatý Hubertus）

房间以古董装饰，工作人员服务态度友好，夏天可以在花园中的梨树下享用早餐。有8间客房。Plešivecké Nám. 95 ¥ €€ 3 80 71 32 40 @ www.svhubertus.cz

问询中心

信息中心（Informační Centrum）

Nám. Svornosti 2 3 80 70 46 22 @ www.ckrumlov.cz

周边景点

利普诺堰塞湖（Nádrž Lipno）●（折页 G8）

这片"波希米亚海"面积超过47平方千米，位于城区西南15千米处，20世纪50年代由伏尔塔瓦河蓄水而成。这片湖水（@ www.lipnoinfo.cz）荡漾在波希米亚林山国家公园的山中。最重要的城镇是利普诺和当地锦囊福林布鲁克（Frymburk）。福林布鲁克的一部分贡献给了该水库的建设，渡船就停泊在教堂后方。这片湖在水上运动和自行车运动爱好者中颇受欢迎。

伏尔塔瓦河畔玫瑰山（Rožmberk Nad Vltavou）（折页 G8）

这座山高耸于伏尔塔瓦河畔之上，是此地的主要观光景点，它在捷克克鲁姆洛夫南20千米处。据传维提贡恩（Witigonen）家族早在12世纪就将玫瑰山作为家族的驻地。因为原先的城堡遭到焚毁，现在矗立在这里的是一座文艺复兴宫殿。在内室中可以看到画作、武器及玻璃收藏品。◷ 4月、10月 周二至周五11:00—13:00，周六、周日 9:00—15:30；5月、9月 周二至周日9:00—15:30；6月 周二至周日9:00—16:30；7—8月 周二至周日9:00—17:00；1—3月、11—12月开放时间请自行咨询 @ www.hrad-rozmberk.eu

当地锦囊上布罗德（Vyšší Brod）（折页 G8）

这座壮观的熙笃会修道院建于1259年，院墙中有大量具备经济、居住及宗教功能的建筑。玛丽亚升天教堂（Maria Himmelfahrt Kirche）是这一区域的中心点，拥有一尊建于1400年左右的上布罗德圣母像，除此之外，几尊巴洛克和哥特风格的雕像也值得欣赏。展厅附近有一条14世纪的十字形回廊，但是这里是禁止进入的，您可以在参观完展览之后向里面望一眼。◷ 5—9月 周二至周六9:30—17:00，周日12:30—17:00 @ www.klastervyssibrod.cz

多马日利采

（Domažlice）（折页 D6）**洛可可风格的山墙装饰着集市广场外围的房**

捷克克鲁姆洛夫的伏尔塔瓦河适合惬意的漂流之旅

多马日利采集市广场旁，玛丽亚诞生教堂的圆形塔楼引人注目

屋，别致的观景塔和一座城堡构成人们对这座城市（人口1.1万）的印象。

多马日利采是霍多人（Chode）的主要居住地，他们是斯拉夫人的一个族群，他们至今保留着特征明显的民俗节日和传统服装。霍多人在中世纪守卫了巴伐利亚和波希米亚的边界，从此得到了广泛的特权。

景点

霍多城堡（Chodský Hrad）

霍多人领地的心脏曾在这里跳动，这座建于13世纪的堡垒曾在许多年中是这个族群的势力中心。这座城堡如今被改建成了巴洛克式观赏建筑，其中有一家值得参观的当地锦囊博物馆，展览主题是霍多人的传统和渊源。

Chodské Nám. 96 4—10月 9:00—12:00、13:00—17:00，11月至次年3月 周一至周五9:00—12:00、13:00—16:00 @ www.muzeum-chodska.com

自由广场（Náměstí Miru）

这个集市广场向下延伸至一座小山，它被诸多带有柱廊的民宅包围着，这些房屋都饰以巴洛克及洛可可风格的山墙。每年8月，霍多人都会在集市广场上身着传统服饰，随着音乐庆祝他们的民俗节日。这座城市的标志是广场东侧的下方大门（Dolní Brána）以及圆形塔楼，它附属于改建为巴洛克风格的玛丽亚诞生教堂（Kostel Narozeni Panny Marie）。登上将近200级台阶，您便能看到绝美的风景。市政府以其显眼的塔楼凌驾于其他建筑之上。请您走进去看看，里面有一个梦幻的楼梯间，露天的台阶装饰繁复。

美食

霍德斯基城堡餐厅（Chodský Hrad）

这是城堡拱顶之下的一家独特的餐厅。Chodské Nám. 96 ¥ € 379 77 60 10 @ www.chodskyhrad.cz

住宿

霍德斯凯城堡膳食公寓（Penzion U Chodského Hradu）

这是一家亲切的膳食公寓，房间明亮，位于集市广场旁的中心位置。有15间客房。🏠 Nám. Míru 66 ¥ € ☎ 3 79 42 34 15 @ www.penzionu-chodskehohradu.eu

问询中心

文化信息中心（Kulturní Informační Centrum）

🏠 Nám. Míru 1 ☎ 3 79 72 58 52 @ www.domazlice.info

周边景点

霍尔绍夫斯基廷（Horšovský Týn）（折页 D5）

这个小镇（城区北10千米处）仅古城就值得一看：原先集市广场周围哥特式的房屋后来都被装饰成巴洛克风格。多数游客为宫殿（🕘 4月、10月 周六、周日9:00—16:00,5月、9月 周二至周日9:00—16:00，6—8月 周二至周日9:00—17:00 @ www.horsovsky-tyn.cz）而来，它建于13世纪，曾是天主教的驻地。这座宽敞的宫殿经多次改建，在它身上可以看到包含古典主义在内的各种建筑风格的影子。

克拉托维（Klatovy）（折页 E6）

克拉托维（城区东32千米处）的市政府是一处建于1559年的宏伟的文艺复兴建筑，它是集市广场上最美的建筑。中世纪的内城被完整的城墙环绕着。巴洛克式的耶稣会教堂则是这里的精神中心，教堂中有一处地下墓穴，木乃伊化的尸体安息在这里。当地锦囊 药房遗迹值得一看，它由耶稣会建于1624年，如今这幢华丽的巴洛克建筑作为博物馆供人参观（🏠 Nám. Míru 149 🕘 5—10月 周二至周日9:00—12:00、13:00—17:00）。

在此地南边约30千米和25千米处各有一家值得推荐的旅店，旅店提供的食物原材料均为自家种植：一家是彼特罗维采（Petrovice）附近的 斯杰潘旅馆（U Štěpána 🏠 Vojetice 9 🕘 周三至周日 ¥ €€~€€€ ☎ 3 76 58 81 96 @ www.ustepana.eu），另一家是坐落在迷人风景之中的 当地锦囊 斯维纳旅馆（Svinná 🏠 Svinná 7，Javorná Čachrov 🕘 每天 ¥ €€ ☎ 3 77 94 51 35 @ www.ekofarmasvinna.cz）。

因德日赫城堡

（Jindřichův Hradec）（折页 H-J7）**因德日赫城堡这座人口2.3万的城市有两个主要的亮点：墙面装饰丰富的宫殿和当地锦囊 苦艾酒。**

苦艾酒这种绿色的烈酒受到艺术家的喜爱，因为它所含的侧柏酮可以使人的意识脱离常态。今天，苦艾酒经历了一次“变革”——采用了效力减弱的配方。但这并非大量饮用的理由，许多大学中早已就此做出规定。这座城市由意大利建筑师建设而成，这些南波希米亚的小巷至今留存着地中海的浪漫气息。

景点

自由广场（Náměstí Míru）

商贸屋占据了这片广场。玛丽亚纪念柱（Mariensäule，高20米）是一件巴洛克艺术品，它的周围装饰着圣像，顶端是一颗金色的星星。广场最北端是一块特别的宝地：建于1535年的朗格屋（Langrův Dům）是城中最古老的房屋，它的外墙有圣经题材的彩色装饰。

宫殿（Zámek）

这片宫殿建筑耸立于一片鱼塘之上，其规模令人印象深刻。这一建筑群是捷克第三大封闭的城堡建筑群。它的历史要追溯到10世纪，时至今日，彩色装饰的外墙和极其多元的室内设计风格都非常引人注目。文艺复兴、巴洛克、法兰西帝国的艺术和古典主义都在这里留下了痕迹，具体风格取决于建筑所在的区域。🏠 zamek-jindrichuvhradec.eu 🕒 4月、10月周二至周日10:00—16:00，5月、9月周二至周日10:00—17:00，6—8月 周二至周日9:00—17:30

省钱有道

在南波希米亚，实惠的郊游酒馆十分普遍。这些酒馆通常只有一间厨房，提供在啤酒花园享用的菜肴和饮品。

利普诺堰塞湖四周的湖畔浴场，例如，波苏马维切尔纳（Černá v Pošumaví）（折页 G8）的浴场，比周边许多游泳馆更加优美和实惠。

美食

塔楼餐厅（Restaurace Pod Věži）

一家专注于野味和鱼类菜肴的小餐馆。🏠 Štítného 1 ¥ € 📞 7 73 57 5[illegible] 72 @ www.pod-vezi.eu

乌迪尔餐厅（Udirna）

这家“熏制室”颇受年轻人的欢迎，其字面意思是“光影游戏烘托气氛”，含义是只有最好的自制汉堡才能填饱辘辘饥肠。🏠 Kostlni 72 ¥ [illegible] 📞 7 34 52 87 39 @ www.udirna.cz

购物

在离中心区（🏠 Mlýnská 3）几条街远的地方，您能找到苦艾酒生产商希尔（Hill）的工厂直销小店。除此之外，一家小型苦艾酒博物馆（🏠 Dobrovského 1）会在7月和8月开放。

住宿

玛利可夫斯凯区旅馆（Malikovsky Dvůr）

一座让人喜爱的农庄，位于涅扎尔可—玛利可夫区（Malíkov nad Nežárkou），其家具和花园使人联想到英国的乡村酒店。夏季只能整周留宿。有10间客房。🏠 Malíkov nad Nežárkou 6 ¥ € 📞 3 84 38 50 24 @ www.malikovskydvur.cz

波尔尼库纳15号旅馆（Penzion Na 15. Poledníku）

城市中心一家家族运营的旅馆，拥有光线充足的精美客房。有12间客房。🏠 Kostelní 76 ¥ € 📞 3 84 36 30[illegible]

17世纪的流行色：红色的水上宫殿切尔维纳洛塔

:1 @ www.15poledniku.cz

塞克姆膳食公寓（Penzion Pod Zám-
em）

浪漫的膳食公寓，景色优美。付属当地锦囊餐厅（¥ €~€€）的捷克斗理多样、精美，在啤酒花园可以看到城堡的景色，是当地一家隐蔽的好店。有13间客房。Nové Stavení 16 ¥ €€ 3 84 38 40 26 @ www.penzion-pod-zamkem.cz

问询中心

言息中心（Informační Centrum）

Panská 1 3 84 36 35 46 @ www.jh.cz

周边景点

切尔维纳洛塔（Červená Lhota）（折页 H6）

这座文艺复兴宫殿（城区北12千米）被池塘围绕，在17世纪就是一个奇特的存在。当时这座宫殿被刷成红色并因此得名（“Červená”意为“红色”）。天气好的时候，建议在池塘中划船并且在英式公园中散步。4月、10月 周六、周日9:30—17:00，6—8月 周二至周日9:30—18:00 @ www.zamek-cervenalhota.eu

塔波尔（Tábor）★（折页 H6）

这幢后哥特式的市政府楼有3处显眼的山墙，那是这座人口3.7万的城市（城区西北48千米处）中最为显眼的建筑。内城中的道路可能在16世纪就已经是这副模样。塔波尔以胡斯运动的中心著称：15世纪，改革者扬·胡斯的追随者与天主教的军队进行了血腥的战斗。博物馆（Nám. Mikulášez Husi 44 4—9月 9:00—17:00，10月至次年3月 周三至周六 9:00—17:00 @ www.husitskemuzeum.cz）令人忆起那个时代。当地最好的酒店（带餐厅）是鹦鹉螺酒店（Nautilus，有20间客房 Žižkovo Nám. ¥ €€€ 3 80 90 09 00 @ www.hotelnautilus.cz），客房的布置新颖而奢华。

摩拉维亚

在摩拉维亚（Morava）地区，您既能看到种植葡萄的山坡，也能看到陡峭的岩壁。在最东边，重工业和矿业留下的伤痕清晰可见，然而，东部地区的魅力恰恰表现在这种反差之中。

摩拉维亚南部显得略微宁静一些，更具乡村风味。这里的人们通常更加守旧，宗教的地位也更重要一些，家族精神被看重。但是由于长期以来波希米亚和摩拉维亚共处一个国家，这种落差变得不那么明显。这里的美景引人注目：贝斯基德山沿着斯洛伐克边境延伸，这一山脉地带以诸多小村庄及其简易的木质教堂为特色。坐落在北方的是耶塞尼克山（Hrubý Jeseník），它具有粗犷的美感；西南方则是波希米亚摩拉维亚高地（Českomoravská Vrchovina）及诸多连绵起伏、让人喜爱的小山丘。在气候宜人的南方，您可以看到广阔的葡萄种植区和地下酒窖，可以参加这里的葡萄酒节。这里不仅适合热爱自然的游客，其中，东部的三大城市——布尔诺、奥洛莫乌茨和俄斯特拉发（Ostrava）的文化生活也丰富多彩。游览摩拉维亚的时候，很快您就会被人们的真诚所打动。您会惊叹于这里沉睡的名胜数量之多——从梦幻般的露天博物馆到地下洞穴中的漂流

上图：克罗梅日什的花园

摩拉维亚的魅力体现在众多的建筑遗迹、公园和酒窖上，它还拥有捷克最长的酒吧一条街。

之旅，从巴洛克式的圣地教堂到欧洲最大的自然风景公园。

布尔诺

（Brno）（折页 M6）布尔诺是一座具有活力的大都市，受到其他两座城市——布拉格和维也纳的影响，

CITY

从这里出发

火车总站是一个不错的起点，因为古城步行区就在几步远的地方，长途汽车也在这里停靠。您可以把车停在火车总站后方购物中心的停车楼。请从乌兹卡大街（Uzká）驶入。

红木和缟玛瑙：图根哈特别墅的室内设计奢华

二者到布尔诺的距离差不多。

这里的建筑出自拥有绝对财富的哈布斯堡时代，布尔诺人喜欢散步，他们还非常喜爱街边的咖啡厅，这也是受到维也纳的影响。布拉格则主要影响了这里的文化活动，因此，布尔诺向来与音乐和戏剧领域有着紧密的联系。人口40万的布尔诺是摩拉维亚的首府，曾是建于13世纪的皇城。风格华丽的建筑物、壮观的城堡建筑群和诸多的宗教都证明了这座城市在历史上的重大意义。

景点

圣彼得和圣保罗大教堂（Chrám sv. Petra a Pavla）

佩特洛夫山（Petrov）上的这座大教堂是天主教在摩拉维亚的精神中心，它坐落在古城和城堡建筑之间，占据着布尔诺城市剪影的重要位置。自12世纪起，它经过多次改建，于20世纪初获得新哥特式的外观。在☀前广场处可以看到绝美的景色。

摩拉维亚美术馆（Moravská Galerie）

这是摩拉维亚最大的博物馆，静静地展示着艺术藏品，其建筑本身就独具观赏价值，门票免费。主场馆是普拉扎库夫宫（🏠 Husova 18），主要展出当代艺术作品。宗教及哥特艺术在总督宫（Mistodržitelský Palác 🏠 Moravské Nám. 1 a）展出。艺术品交易博物馆（🏠 Husova 14）是这里的第三座大型建筑。🕒 周三至周日10:00—18:00，周四10:00—19:00 @ www.moravska-galerie.cz

多米尼加广场（Dominikánské Náměstí）及蔬菜市场（Zelný Trh）周边

佩特洛夫山下方便是多米尼加广场及蔬菜市场周边的热闹城区，此处不乏各类餐厅。请您到当地锦囊➡昆什塔特宅邸（Dům Pánůz Kunštátu）看一看（🏠 Dominikánska 9 🕒 周二至周日10:00—18:00，周四10:00—21:00），这座宫殿主要用于展示青年艺术家的作品。方济嘉布广场（Kapucinské Náměstí）旁的嘉布遣会陵墓（Kapucínská Hrobka）是一处恐怖的景点，在这里可以看到木乃伊化的尸体。

斯皮尔贝格城堡（Špilberk）

斯皮尔贝格城堡高高地凌驾于

中心区之上。这一防御建筑建于13世纪，在许多年内都是摩拉维亚君主的驻地。如今这里有许多家博物馆，其中就有城市博物馆。建议登上观景塔（10月至次年4月 周六、周日9:00—17:00，5—9月 9:00—18:00），之后再进入当地锦囊炮塔，一个迷宫般的地道系统。在君主制时代，这里是最坚固的监狱，纳粹也曾利用这些地道。5—6月、10—12月 9:00—17:00，7—9月 10:00—18:00 @ www.spilberk.cz

图根哈特别墅（Villa Tugendhat）★

这是包豪斯艺术学校（Bauhaus）晚期明星建筑师路德维希·密斯·凡德罗（Ludwig Mies van der Rohe）的经典杰作。这座别墅建于1930年，结合所有现代建筑的元素，享有世界遗产的地位。建筑的委托者是犹太工业家族图根哈特，该家族后来流亡在外。建筑外部被特意设计得较为粗糙，其内部则豪华而典雅。Černopolní 45 周二至周日10:00—18:00，最好提前预约时间 5 15 51 10 15 @ www.tugendhat.eu

美食

毕斯特罗弗朗茨餐厅（Bistro Franz）

这里有别致的环境、年轻的客人，原材料源自生态种植，这里提供创新波希米亚菜肴。Veveří 14 ¥ € 7 20 11 35 02 @ www.bistrofranz.cz

凉亭餐厅（Pavillon）

这家餐厅在公园里一座明亮、轮廓分明的凉亭中，保证您能边欣赏绿色美景，边享受盘中的美味。Jezuitská 6 ¥ €€ 5 41 21 34 97 @ www.restaurant-pavillon.cz

当地锦囊 巴洛里亚餐厅（Valoria）

这里有国际化的菜品，每月更换

必游景点

★图根哈特别墅
现代建筑最重要的作品之一。→ P.85

★克罗梅日什
巨大的巴洛克宫殿周围聚集着教堂、广场和一座花园。→ P.87

★瓦拉几亚露天博物馆
这里记录了数百年前摩拉维亚的生活。→ P.95

★莱德尼采-瓦尔季采景区
这里有欧洲最大的自然风景公园，以及众多宫殿和神庙。→ P.90

★波佐夫城堡
一座拥有吊桥和大堂的真正城堡。→ P.92

★特热比奇
除以色列之外唯一的犹太人遗迹，受到联合国教科文组织的保护。→ P.97

★谷仓大街
俄斯特拉发的谷仓大街在夜晚会成为酒吧一条街。→ P.94

★泰尔奇
中欧没有比这里更美的集市广场。→ P.95

★奥洛莫乌茨
宏伟的天主教之城，拥有巴洛克式的三位一体圣柱。→ P.90

★兹诺伊莫
沐浴在阳光下的葡萄酒古城。→ P.99

弗雷斯卡酒店曾是16世纪的民宅

菜单，包含时令菜肴。这家餐厅位置有些偏僻。🏠 Bohunická 2 ¥ €€ 📞 5 43 25 04 62 @ www.valoria.cz

Borgo Agnese

这是布尔诺人气最高的餐厅之一，与之相配的是顶级的食材和烹饪水平。主要菜品为意餐、地中海风味和标准西餐，吃多了捷克当地美食不妨换换口味。🏠 Kopechna 980/43，Brno Stred 🕒 周一至周六12:00—24:00，周日12:00—22:00 ¥ 400~900捷克克朗 📞 5 15 53 75 00 @ www.borgoagnese.cz

住宿

布尔诺皇宫酒店（Barceló Brno Palace）

这是一座古老的城市宫殿中的设计酒店，从特别的有顶中庭起，延伸出数个侧翼，其中有装潢华丽的客房。有119间客房。🏠 Šilingrovo Nám. 2 ¥ €€€ 📞 5 32 15 67 77 @ www.barcelo.com

西罗酒店（Cyro）

这是一家三星级酒店，有现代的室内设计，位于斯皮尔贝格城堡附近，前往城中各观光景点的交通便捷。有28间客房。🏠 Anenská 9 ¥ €€ 📞 5 43 21 57 05 @ www.hotel-brno.in

问询中心

旅游信息中心（Turistické Informačn Centrum）

🏠 Radnická 8 📞 5 42 27 24 50 @ www.ticbrno.cz

周边景点

佩恩施泰因城堡（Hrad Pernštejn）

（折页 L6）

这座建于13世纪的城堡，外部有防御用的城墙、炮眼和城垛，其内部的样式则与文艺复兴时期的舒适贵族宅邸相仿。前往城堡的路途经内德维迪采（Nedvedice），其位于布尔诺城北40千米。🕒 4月、10月 周六、周日 9:00—15:00，5—6月、9月 周二至周日9:00—16:00，7—8月 周二至周日 9:00—17:00 @ www.hrad-pernstejn.cz

莫拉夫斯基大钟乳洞区（Moravský Kras）（折页 M5）

这片有峡谷、山洞和瀑布的喀斯特地貌位于城市北边约25千米处，是徒步旅行的理想地点。当地锦囊 庞克维采石窟（Punkevní Jeskyně）内可以乘船通行，是一处热门景点，入口在特别的后母峡谷（Propast Macocha）附近，通过布兰斯科（Blansko）的岩石磨坊（Skální Mlýn）即可进入。此行程需要提前预约。🕒 3月、11—12月 周二至周日8:40—14:00；5—9月 周一10:00—16:00，周二至周日8:20—16:00；10月 周二至周五8:20—14:00，周六、周日8:20—16:00 ☎ 516 41 35 75

克罗梅日什

（Kroměříž）（折页 N6）**这座摩拉瓦（Morava）河畔的城市★克罗梅日什（人口3万）华丽又庄严，也因为如此，一个疯狂的计划诞生了：把它建设成能与维也纳相媲美的城市。**

三十年战争后，列支敦士登-卡斯特克尔恩的查理二世（Karl II.von Liechtenstein Kastelkorn）提出了这一目标，他是奥洛穆克的主教及当时最富有的家族之一的后裔，他所做出的努力至今为人所惊叹：巨大的巴洛克宫殿建筑群、围绕主广场的教堂、民宅以及优美的花园。

景点

大主教城堡（Arcibiskupský Zámek）

这里有古老的厅堂、图书馆和大主教的画廊，只有在讲解员的带领下才可以进入，其中的会议厅被视作捷克最美的洛可可风格大厅。城堡的园艺室中有一间类似洞穴的大厅——萨拉特雷娜（Sala Terrena），展现了先前城主对园艺的热爱。🏠 Sněmovní Nám. 1 🕒 4月、10月 周六、周日9:00—16:00，5—6月、9月 周二至周日9:00—17:00，7—8月 周二至周日9:00—18:00 ☎ 5 73 50 20 11 @ www.zamek-kromeriz.cz

巴洛克花园（Květná Zahrada）

这是花园建筑艺术中的杰作：一座圆形小屋四周的喷泉流水潺潺，对称的花坛中鲜艳的花朵时而使人眼花缭乱。17世纪，这座14万平方米的巨大花园历经了10年才终于达到主教列支敦士登-卡斯特克尔恩的查理二世的要求。🏠 Generala Svobody 1 🕒 具体时间有变动：夏季通常7:00—19:00，冬季7:00—16:00 @ www.zamek-kromeriz.cz

美食/住宿

卓越旅馆（Excellent）

这是一家餐厅（¥ €）及膳食公寓，仅面向非吸烟者开放，有一间漂亮的酒窖。有13间客房。🏠 Riegrovo Nám. 7 🕒 每天 ¥ € ☎ 5 73 33 25 56 @ www.tunker.com

弗雷斯卡酒店（Hotel La Fresca）

酒店在中心广场旁的一间老房子里，可以提供新式波希米亚菜肴。这里有浪漫风格的房间和出色的服务。有13间客房。🏠 Velké Nám. 55 ¥ €€ ☎ 5 73 33 54 04 @ www.lafresca.cz

奥克塔尔纳旅馆（Octárna）

餐厅中有丰富的地方及国际特色菜品可供选择。有一家附属的旅馆。有25间客房。Tovačovského 318 €€ 5 73 50 56 55 www.octarna.cz

黑鹰膳食公寓（Penzion Černý Orel）

公寓有简约而现代的客房，此处的亮点是房子里的迷你酿酒厂。有8间客房。Velké Nám 9 € 5 73 33 27 69 www.cerny-orel.eu

问询中心

信息中心（Informační Centrum）

Velké Nám. 45 5 73 33 14 73 www.mesto-kromeri.cz

周边景点

兹林（Zlín）（折页 O6）

这座人口8万的城市（城区东30千米处）的建筑是20世纪上半叶工业建筑的典范，恰恰在这里——摩拉维亚的偏远地区，出现了欧洲最早的高层建筑。建筑委托者是鞋业大亨托马斯·巴特阿（Tomas Bat'a），他的鞋业帝国就从兹林起步。他为手下的工人建造了功能主义的统一住宅，而在公司所在的区域，他则托人建造最好的楼房，并且在大楼中将自己的当地锦囊办公桌安装在了电梯里，这样他不必从椅子上站起来就能监督每层楼的员工。大楼和办公室可供参观（Třída Tomaše Bati 1 10:00—17:00 部分门票免费，时有变动）。

托马斯·巴特阿事业上的成功还多亏了第一次世界大战，他曾为奥地利军队提供军靴。如今工厂已经迁到亚洲，只有鞋靴博物馆（周二至周五9:00—12:00、13:00—17:00，周六、周日10:00—12:00、13:00—17:00）位于T.G.马萨里克路（Nám. T. G. Masaryka）通道旁的工业区斯维特（Svít）内，这里还保留着巴特阿的产业的痕迹。

米库洛夫

（Mikulov）（折页 M8）**进入这座城市就是一种乐趣：米库洛夫位于帕拉瓦山（Pálava）中央，处在南摩拉维亚一处平缓起伏的地形之中，整片区域都种着葡萄。**

这座有8 000人口的城市，游客主要来自与之毗邻的奥地利，它也因此成为一座具有活力的城市。这些游客大多为了这里风景如画的古城和震撼人心的城堡而来，对于这个不起眼的城市来说，这些城堡显得过于巨大。

景点

迪特里希施泰因亲王墓（Dietrichsteinská Hrobka）

19世纪，主广场旁的圣安娜教堂（St. Anna Kirche）被改建成贵族迪特里希施泰因家族的陵墓。有45具棺木安放其中，除了诸亲王以外，这个起源于克恩顿州（Kärnten）的家族在此期间也担任奥洛莫乌茨的主教。Náměstí 4—5月、10月 10:00—17:00，6—9月 9:00—18:00

犹太人的米库洛夫

犹太人公墓紧靠古城北边的一座小山，风景如画。留存的约2 000块墓碑证明了犹太人居住区曾经的重要意义，这里曾是当时捷克最大的犹太人居住区之一（🏠 Hřbitovní Nám. 🕒 4月、10月 周二至周日11:00—16:00，5月 每天10:00—17:00，6—9月 10:00—18:00）。曾经的犹太教堂中设置了一个展示米库洛夫的犹太人居住区历史的展览（🏠 Husova 12 🕒 4—6月、9月 9:00—17:00，7月、8月 9:00—18:00）。

神圣山（Svatý Kopeček）

在城市近旁一座贫瘠、多岩的山上坐落着圣塞巴斯蒂安（Sebastian）的圣地教堂，通往教堂的道路非常崎岖，特别是在天气炎热时更加难走，但是上面的景色定能让您不虚此行。

宫殿（Zámek）

这座宫殿拥有观景露台、多个中庭和塔楼，是这座城市毋庸置疑的主角。奥洛莫乌茨的主教费迪南·迪特里希施泰恩（Ferdinand Dietrichstein）曾出于虚荣心将原文艺复兴风格的宫殿进行了扩建，将其改造成巴洛克风格。花园和露台可以免费进入，宫内有一家不太权威的地区博物馆和一个有关葡萄种植历史的展览。🏠 Zámek 1 🕒 4月、10—11月 周五至周日 9:00—16:00，5—6月、9月 周二至周日9:00—17:00，7—8月 周二至周日 9:00—18:00 @ www.rmm.cz

美食

法拉咖啡（Café Fara）

建筑视觉和美食味觉体验都相当出色的乡村餐馆，在城区北5千米的克伦特尼采（Klentnice）。🏠 Klentnice 166 ¥ €€ 📞 7 25 21 79 62 @ www.cafefara.cz

腾普尔酒店（Templ Hotel）

酒店集餐厅、酒馆和旅馆于一体，有优美的露台。🏠 Husova 50 ¥ €~€€ 📞 5 19 32 30 95 @ www.templ.cz

住宿

巴尔塔萨膳食公寓（Baltazar）

一家浪漫的膳食公寓，房间明亮，部分房间带有开放的壁炉，尤其

城堡的主人能够看到摩拉维亚土地上米库洛夫最美的景色

漂亮的是屋顶下方的房间。有6间客房。🏠 Husova 44 ¥ €€ ☎ 5 19 32 43 27 @ www.pensionbaltazar.cz

坦茨贝格酒店（Hotel Tanzberg）

这家酒店曾是拉比·勒夫（Rabbi Löw）的私宅。酒店的房间简约。有17间客房。🏠 Husova 8 ¥ € ☎ 5 19 51 06 92 @ www.hotel-tanzberg.cz

问询中心

旅游信息中心（Turistické Informační Centrum）

🏠 Nám. 1 ☎ 5 19 51 08 55 @ www.mikulov.cz

周边景点

莱德尼采-瓦尔季采景区（Lednicko Valtický Areal）★（折页 M8）

欧洲最大的自然风景公园（约2.5平方千米）在奥地利边境，位于米库洛夫东南边14千米处。列支敦士登家族（Liechtenstein）将其位于莱德尼采（Lednice）和瓦尔季采（Valtice）的两处城堡连成一片巨大的区域，并在其中建起了避暑行宫、凉亭、神庙和观景塔。这一世界遗产公园的中心点是莱德尼采村中的宫殿，带有一座英式花园，有专人负责维护，园中有人造湖和岛屿。如果您从此地出发前往瓦尔季采，请您在租借处（捷克语：Pujčovna Kol）租用一辆自行车（以莱德尼采为例 🏠 Břeclavská 366 ☎ 7 76 62 58 17）。否则，其间7千米的路程会显得很漫长，公园的两地之间无非是茂密的树林，中间有数条林荫大道穿过。

懂酒的人应该前去参观瓦尔季采宫中的当地锦囊 国家葡萄酒中心（🏠 Zámek 1 🕒 周二至周四9:30—17:00，周五、周六10:30—18:00，6—9月 含周日10:30—17:00 ☎ 5 19 35 27 44 @ www.vinarskecentrum.cz），其拱顶酒窖中有一个独特的名酒收藏处，您可以在这里购买好酒，当然也可大量品尝。

奥洛莫乌茨

（Olomouc）（折页 N5）**事实上，★奥洛莫乌茨的美可以与布拉格相较量，只不过这座人口为9.95万的大学城略微小了一些。**

这座历史之都拥有极致的魅力：您漫步于狭窄的小巷，站在教堂的华美外墙前，惊叹于中庭的宽敞。这一切在夜晚的灯光下又是另一种浪漫的视觉体验。

景点

大主教宫（Arcibiskupský Palác）●

曾经的大主教不仅拥有教权，还拥有世俗的权力，这一华丽雄伟的建筑显然出自那个时代，展示厅需在讲解员的带领下才能进入。🏠 Wurmova 9 🕒 5—9月周二至周日10:00—17:00，4月、10月 周六、周日10:00—17：00 @ www.arcibiskupskypalac.cz

植物园（Botanická Zahrada）

奥洛莫乌茨是一座花卉城市，在每年8月的花卉节，整个城市都徜徉在一片花朵的海洋中。🕒 4—10月 周二至周日9:30—18:00 @ www.flora.ol.cz

上/下广场（Horní a Dolní Náměstí）

这是城中最重要的两个广场，除了上广场带有显眼的文艺复兴风格的大门、天文钟和高达75米的观景塔的市政府（Horní Nám.）外，您还应当仔细地看一看下广场上的三位一体圣柱（Sloup Nejsvětější Trojice）：石匠文策尔·伦德尔（Wenzel Render）在此处建造了圣像，圣柱高达35米，它的美无与伦比。奥洛莫乌茨能够进入《世界遗产名录》也要归功于它。

大教堂与修道院

作为主教城市，奥洛莫乌茨有许多宗教建筑。除了新哥特式的圣瓦茨拉夫大教堂（Katedrála sv. Václava）及其高达100米的主塔楼之外，巴洛克式的耶稣会教堂圣母玛丽亚白雪教堂（Kostel Panny Marie Sněžné）和同为巴洛克式的圣米迦勒教堂（Kostel sv. Michala）也都值得参观。后者是单中殿建筑，其上有3个庄严的圆顶。

艺术博物馆及大主教博物馆（Muzeum Umení a Arcidiecezni Muzeum）

这两家博物馆的展品涉及从12世纪到当代的艺术作品，其中一大亮点便是某位主教的金饰马车。● 凭通票可进入两家博物馆，周三和周日可以免费进入。 Denisova 47 周二至周日10:00—18:00 @ www.olmuart.cz

美食

德拉帕餐厅（Drápal）

精酿的啤酒是这里的主角，粗犷的波希米亚特色菜与之相搭配，份量大、服务迅速、氛围亲切。餐厅在一层，地下有一家酒馆。 Havlíčkova 1 ¥ € 5 85 22 58 18 @ www.restauracedrapal.cz

马蹄餐厅（Podkova）

餐厅原为砖砌的杂用建筑，有奢华的室内设计。菜单上有当地的特色和国际化的菜肴。 Koželužská 31 周日闭店 ¥ €€ 5 85 24 26 93 @ www.restaurant-podkova.eu

普利玛维西别墅餐厅（Vila Primavesi）

一家处于青春艺术风格别墅中的浪漫餐厅，古斯塔夫·克林姆（Gustav Klimt）也曾是这里的客人，之前的店主是他的赞助者之一。这里有丰富的鱼类菜肴和绝美的露台。 Univerzitní 7 ¥ €€ 5 85 20 48 52 @ www.primavesi.cz

圣瓦茨拉夫大教堂：每个细节都值得欣赏

波佐夫城堡是捷克最具人气的城堡之一

夜生活

夜晚活动的中心是磨坊大街（Mlýnská）上的酒馆和酒吧，这里总是非常热闹。米克斯酒吧（Meex Club 🏠 Horní Nám. 19 🕒 周日闭店 @ www.meex.cz）是内城中一家时尚的迪斯科舞厅，富人和美人喜欢光顾这里。在本地人当中，莫里茨酿造厂（Brauerei Moritz 🏠 Nesverova 2 ☎ 5 85 20 55 60 @ www.hostinec-moritz.cz）是一个颇受欢迎的聚会地点。

住宿

当地锦囊 **克里瓦膳食公寓（Pension Křivá）**

这是一座建于13世纪、样式讨喜的房子，坐落于下方广场附近一条狭长的小巷中。公寓有现代的房间、丰盛的早餐，且性价比极高。请您一定要求入住经过修缮的区域的房间。有9间客房。🏠 Křivá 8 ¥ €€ ☎ 8 85 20 92 04 @ www.pension-kriva.cz

天堂酒店（Hotel v Ráji）

这是古城边缘的现代酒店。有9间客房。🏠 Hanáckého Pluku 10 ¥ €€ ☎ 5 85 22 35 00 @ www.hotelvraji.cz

问询中心

信息中心（Informační Centrum）

🏠 Horní Nám.（市政府内）☎ 5 85 51 33 85 @ www.olomouc-tourism.cz

周边景点

波佐夫城堡（Hrad Bouzov）★（折页 M5）

没有一座城堡比它（距离城区30千米处）更具中世纪风格：这座建于14世纪的城堡，直到20世纪都由德国的骑士团掌管。他们使一切都保留古时的风采，最终在19世纪与20世纪之交将其改建成新哥特式风格。这座城堡至今仍然相当坚固，时常被用作电影取景地。城堡中特别的大堂拥有哥特式的窗户、木质的壁板、投射下

从这里出发

Elektra火车站：中央火车站不在城市中心，乘坐电车（1号、2号、8号或18号线），您可以快速抵达Elektra站，从这里您可以步行几分钟到马萨里克广场。Kostelní大街中有一个配有保安的停车场。

朦胧光线的吊灯和木质的天花板，大堂是参观城堡的必经之路。4月、10月 周六、周日9:00—16:00，5—6月、9月 周二至周日9:00—17:00，7—8月 周二至周日9:00—18:00

当地锦囊 卡罗瓦斯图丹卡（Karlová Studánka）（折页 N4）

这个温泉镇（城区北73千米处）坐落在茂密森林覆盖的耶塞尼克山之中。这里只有零星的几间房子，它们全都拥有黑色的木质外墙，可以看出些许温泉镇的气派。这里有座全木质的疗养楼，但这里最为突出的还是乡村气息。这里也是徒步旅行的理想起点。路线和住宿的相关信息请咨询旅游信息中心（Karlova Studánka 17 5 54 77 20 04 www.k.studanka.cz）。

俄斯特拉发

（折页 P4）**这座捷克东部的工业城市算不上漂亮。俄斯特拉发（Ostrava）是捷克的第三大城市（人口31.5万），其魅力源自其勃勃的生机。**

煤炭工业衰落后，当地人将老矿区和矿山改建成博物馆，工人给俄斯特拉发留下的痕迹至今仍清晰可见。这里没有其他摩拉维亚城市中典型的豪华宫殿和民宅，其建筑更具功能性，中心区以外则排列着工业用地和混凝土建筑区。请您一定要在这里度过夜晚，在捷克，再也找不到比这里更加热闹的夜生活。

景点

古城

马萨里克广场（Masarykovo Náměstí）周围的区域是这座城市的招牌，这里坐落着大学和步行街。新市政府（Nová Radnice）在几百米之外，这是一处建于1930年的有趣的建筑，带有一座高达85米的塔楼（Prokešovo Nám. 8 观景台：夏季 每天9:00—19:00，冬季 每天9:00—17:00）

兰德克公园（Landek Park）

这是一家大型矿山博物馆。古老的矿井安泽尔姆（Anselm）如今对游客开放。在这里能够很好地了解煤矿开采和重工业的历史，自19世纪起，二者对俄斯特拉发的影响深远。

在资深矿工的陪同下，游客可以深入地下。Pod Landekem 64 11月至次年3月 周二至周日10:00—16:00，4—10月 9:00—18:00 5 96 13 18 04 www.muzeumokd.cz

美食

柯美多餐厅（Comedor）

餐厅提供墨西哥菜肴，有和谐的布置，生意兴隆，是捷克最好的餐厅之一。Zámecká 20 €€ 5 96 20 85 15 www.comedor.cz

摩拉维亚小屋餐厅（Moravská Chalupa）

这是一家摩拉维亚山中小屋风格的餐厅，可以在木质房屋中体验新奇的用餐过程。🏠 Musorgského 9 🕒 周一至周六 ¥ €~€€ 📞 5 96 12 49 37

夜生活

俄斯特拉发的夜生活胜地有一个好记的名字：★谷仓大街（Stodolní）。这条街上没有汽车，每间屋子里都有一家酒吧或一家餐厅。

住宿

玛丽亚酒店（Maria）

这是中心区的精致酒店。有40间客房。🏠 Přívozská 23 ¥ €€ 📞 5 96 11 06 76 @ www.hotel-maria.cz

美居酒店（Mercure）

这是市中心的一座大屋子，拥有优质的服务和现代的客房。有139间客房。🏠 Českobratrska 18 ¥ €€~€€€ 📞 5 95 60 66 00 @ www.mercureostrava.cz

扎布热赫宫（Zámek Zábreh）

这是一家豪华的宫殿酒店，房间饰以昂贵的古董，位置略微偏离中心区。有10间客房。🏠 U Zámku 1 ¥ €€~€€€ 📞 5 54 81 94 11 @ www.zamek-zabreh.cz

问询中心

信息中心（Informační Centrum）

🏠 Jurečkova 12 📞 5 96 12 39 13 @ www.ostrava.cz

周边景点

新伊钦（Nový Jičín）（折页 P5）

这座城市（人口2.6万，距离俄斯特拉发50千米）的亮点是集市广场：玛丽亚纪念柱四周聚集着带有柱廊的房屋，最古老的一间是老邮局（Stará Posta），出自文艺复兴时期。较为特别的是宫殿中的帽子博物馆（Muzeum Novojičínska），展示历史上当地生产的时装款式。🏠 28. Října 12 🕒 4—9月 周二至周五8:00—17:00，周六、周日9:00—16:00；10月至次年3月 周二至周五8:00—16:00，周日9:00—15:00

奥帕瓦（Opava）（折页 O4）

这是西里西亚（Slezsko）地区的首府（人口6万，距俄斯特拉发75千米）城市展现出高度的文化自信。城市的中央坐落着西里西亚剧院（Sležské Divadlo），一座复古风格的建筑。它是上广场（Horní Náměstí）的主要建筑，各个重要的观光景点都在剧院和下广场（Dolní Náměstí）旁。其中包括带一座显眼塔楼的市政府、规模巨大的耶稣会学校、玛丽亚升天教堂（Kostel Nanebevzetí Panny Marie）——14世纪的砖石建筑杰作，以及西里西亚博物馆（Sležské Zemské Muzeum 🏠 Komenského 10 🕒 9:00—19:00 @ www.szm.cz），它建于1814年，是曾经的哈布斯堡王朝领土上最古老的博物馆。

什特兰贝尔克（Štramberk）（折页 P5）

贝斯基德山边缘（城区南44千米处）有一座保存完好的摩拉维亚村庄。在为数不多的街道上，您会看到

如画的小巷尽头是新伊钦的正方形集市广场

木质的房屋，小集市广场周围的建筑是简单的巴洛克样式。城堡耸立于城市之上，它的圆塔也得以保留。当地的特色美食是当地锦囊 什特兰贝尔克耳朵（Štramberské Uši），一种卷起来的姜饼。据传，塔塔尔人（Tataren）于13世纪占领什特兰贝尔克之后，割下了敌人的耳朵，这种饼干因此得名。

瓦拉几亚露天博物馆（Valašské Muzeum v Přírodě）★（折页 P6）

这家露天博物馆在罗斯诺夫-波德-拉德霍斯滕（Rožnov Pod Radhoštěm，俄斯特拉发南57千米处）中。1924年起，经过连续不断的建设，这家博物馆如今包含3个部分：一座木制城市（Dřevěné Městečko）、一座瓦拉几亚村庄（Valašská Dědina）和使用旧式磨臼的磨坊山谷（Mlýnská Dolina）。在夏季的周末，有手工作坊导览和羊群中的民间文艺表演。🏠 Palackého 147 🕒 1—3月、10月 周二至周日10:00—16:00，4—6月、9月 周二至周日9:00—17:00，7—8月 每天9:00—18:00，11—12月 有时不开放 @ www.vmp.cz

泰尔奇

（Telč）（折页 J6-7）★● **泰尔奇的中心就像完美的布景一般毫无瑕疵：在一片广场周围聚集着最为华丽的文艺复兴建筑，各自带有柱廊，这些建筑在过去几年里得到了完全的修复。**

被如画的池塘围绕的整个中心区建于16世纪，是一场大火后全部重建的产物。自1992年起，这座有6 000人口的城市被列入《世界遗产名录》。泰尔奇常常成为历史片的取景地。

景点

扎哈里亚斯广场（Náměstí Zachariáše Z Hradce）

扎哈里亚斯广场是泰尔奇的心脏，其四周的每一间房子都是一件小小的艺术品。教堂打破了房屋的整齐排列的样式，最南端坐落着圣灵教堂（Kostel sv. Ducha）及其浪漫的塔楼，位于耶稣会学校和圣雅各教堂（Chrám sv. Jakuba）对面。

宫殿（Zámek）

这里有捷克为数不多的保持原有样貌的宫殿。大厅和显眼的拱廊都建于16世纪，受托于扎哈里亚斯·冯·诺伊豪斯（Zacharias Von Neuhaus），以文艺复兴风格建成。⏲ 4月、10月 周二至周日10:00—16:00，5—6月、9月 周二至周日10:00—17:00，7—8月 周二至周日9:00—18:00 @ www.zamek-telc.cz

美食

黑鹰餐厅（U Černého Orla）

尽管室内设计有些陈旧，但是天气好的时候您可以舒服地坐在室外的广场上，菜单上有捷克经典菜肴。🏠 Nám. Zachariáše z Hradce 7 ¥ € ☎ 5 67 24 32 22 @ www.cernyorel.cz

申克塔下餐厅（Šenk Pod Věži）

这是一家典型的波希米亚酒馆，氛围亲切，位于圣灵教堂的塔楼下方。🏠 Palackého 116 ⏲ 夏季每天，冬季周五至周日 ¥ € ☎ 5 67 24 38 89

住宿

当地锦囊 霍尔尼策膳食公寓（Chornitzerův Dům）

这家膳食公寓在主广场旁一座华丽的民房之中，在客房中可以看到城市中无可比拟的美景。房间布置氛围现代，大房间（74~130平方米）有厨房，采用完整的公寓配置。有4间客房。🏠 Nám. Zachariáše z Hradce 56 ¥ €€~€€€ ☎ 5 67 21 56 27 @ www.chornitzeruvdum.cz

泰尔奇的文艺复兴风格建筑，华丽的外墙使人赏心悦目

赫拉本凯酒店（Hotel U Hrabenky）

酒店距中心区有5分钟的步行路程，这里曾是当地森林管理部门的驻地。附属的餐厅也非常不错。有17间客房。 Slavatovska 96 ¥ €€ 5 67 57 85 51 @ www.hotel-uhrabenky.cz

问询中心

信息中心（Informační Centrum）

Nám. Zachariáše z Hradce 10 5 67 11 24 07 @ www.telc-etc.cz

周边景点

伊赫拉瓦（Jihlava）（折页 K6）

这座美丽的文艺复兴城市（城区北30千米处）有5万人口，兴起于13世纪，当时人们发现了此地的银矿。由于矿工主要来自德国，伊赫拉瓦直到20世纪都是一片德语的语言孤岛。由于许多原有的建筑在战争、驱逐运动时期被摧毁，这座城市便成了历史珍宝与遗迹的结合体。

当地锦囊 斯拉沃尼采（Slavonice）（折页 J7）

这座位于奥地利边境的文艺复兴小城的核心被很好地保留下来：装饰华美的山墙、广场上奢华的喷泉……这一切都在这座有3 000人口的小城（距泰尔奇26千米）之中。斯拉沃尼采坐落于诸多骑行道路的交叉点，因为这受欢迎的景观，捷克人称其为“波希米亚加拿大”。行程及自行车租借相关信息请咨询当地旅游信息中心（ Nám. Míru 480 3 84 49 33 20 @ www.slavonice-mesto.cz）。

当地锦囊 贝西德卡酒店（Hotel Besídka，有8间客房 Horní Nám. 522 ¥ €€ 3 84 49 32 93 @ www.besidka.cz）可以提供住处。来自布拉格的艺术家们修葺了这座文艺复兴式的房子，室内设计展现出极其丰富的想象力。

特热比奇

（Třebíč）（折页 K6）★**特热比奇这座城市（人口3.9万）拥有宏大的历史，是摩拉维亚的一颗珍珠。**

拥有文艺复兴建筑的古城的确很漂亮，但是让您不虚此行的是这里的两处名胜，特热比奇正因为它们获得了“世界遗产”的地位：一处是拥有犹太人公墓的前犹太人居住区；另一处则是纪念圣普罗科匹厄斯（Hl. Pro-

特热比奇的圣普罗科匹厄斯教堂的历史可追溯到12世纪

kop）的大教堂，于13世纪完工，是欧洲最重要的宗教建筑之一。

景点

圣普罗科匹厄斯教堂（Bazilika sv. Prokopa）

这座罗马及哥特式的长方形大教堂位于一处修道院内，于17世纪被改建为文艺复兴式的宫殿。圣坛和圣台上方分为8个部分的拱顶高悬于教堂上方，吸引了全部的视线。地下墓室中柱子的外观也是独一无二的，它们支撑着引人注目的拱顶。🕒 6—9月 周一至周五9:00—17:00，周六、周日12:30—18:00；10月至次年5月 周一至周四9:00—17:00，周五9:00—15:00，周六、周日12:30—17:00。仅限导览带领参观（每个整点有导览）。

查理广场（Karlovo Náměstí）

广场上最显眼的就是彩绘屋（🏠 Malovaný Dům，Nr. 53），它建于16世纪末，其墙面上有极其精美的彩绘。稍远一点的地方矗立着35米高的城市塔楼（Městská Věž）。

犹太人区及犹太人公墓（Židovská Čtvrť a Židovský Hřbitov）

原先的犹太人居住区夹在伊赫拉瓦（Jihlava）和一处山岩之间，低矮的房屋、蜿蜒的小巷和狭长的步行道是其显著特点。自14世纪起，犹太人被隔离于此地。两座犹太教堂之中，后方犹太教堂（Zadní Synagoga 🏠 Subakova 1 🕒 1—6月 每天，9—11月 9:00—17:00，7—8月 9:00—18:00，12月9:00—16:00）仍可供参观，其中原有的壁画得以保留。稍远一些的地方坐落着●犹太人公墓，从赫拉德克街（Hrádek）进入（🕒 周日至次周五，3—4月、9—10月 9:00—17:00，5—8月 9:00—18:00，11月至次年2月 10:00—15:00）。这片墓地上长满常春藤，向着山脊铺展开来。

美食

橡树餐厅（U Dubu）

餐厅位于犹太人区的入口旁，有可供用餐的露天优美庭院。🏠 Žerotínovo Nám. 17 🕒 周二至周日，周六仅至17:00 ¥ € 📞 5 68 42 25 41 @ www.u-dubu.cz

海王星餐厅（Neptun）

这是值得推荐的鱼类美食餐厅，位于犹太人居住区内。🏠 Tiché Nám. 3 ¥ €~€€ 📞 7 76 35 08 50 @ www.

restaurant-neptun.cz

住宿

约瑟夫1699酒店（Hotel Joseph 1699）

酒店位于犹太人居住区内，7间房子被连接起来，没有任何两间客房是相同的。它们的共同点只有一个：装修都很漂亮。有16间客房。🏠 Skalni 8 ¥ €€ ☎ 5 61 20 05 40 @ www.joseph1699.cz

太阳海星酒店（Hotel Solaster）

这家家庭酒店位于城市中心区的伊赫拉瓦河畔。有15间客房。🏠 V. Nezvala 8 ¥ € ☎ 5 68 8 15 06 @ www.hotel-solaster.cz

问询中心

信息中心（Informační Centrum）

🏠 Karlovo Nám. 53 ☎ 5 68 84 70 70 @ www.trebic.cz

周边景点

大叻塞斯酿酒厂（Brauerei Dalešice）（折页 L7）

小镇大叻塞斯（Dalešice，距离城区20千米处）的名胜是这里的地方酿酒厂，由于其生产的诸多非同寻常的啤酒种类，此处被捷克的啤酒爱好者视为藏宝之地。此处有一家附属的餐厅（¥ €）和一家酒店（有18间客房 🏠 Dalešice 71 ¥ €~€€ ☎ 5 68 86 09 42）。

萨扎瓦河畔日贾尔（Žďár Nad Sázavou）（折页 K5）

仅一处观光景点——绿山上的泉玻穆的若望升天教堂（Poutní Kostel sv. Jana Nepomuckého Na Zelené Hoře），就值得游客行驶57千米的路程。它是建筑师乔万尼·桑蒂尼完成于1722年的杰作，一座巴洛克风格建筑。教堂和周围的步行道形成一个五边形，在欧洲的宗教建筑中显得十分新奇，被列入了《世界遗产名录》。🕒 5—9月 每天9:00—17:00，4月、10月 周六、周日9:00—17:00 @ www.zelena-hora.eu

兹诺伊莫

（Znojmo）（折页 L7-8）**塔亚河（Thaya）从幽深的山谷流入平原，非官方的摩拉维亚葡萄酒之都★兹诺伊莫就坐落在这风景如画的地方。**

在兹诺伊莫（人口3.6万）四周，您可以骑车经过众多的骑行道路，穿过广阔的葡萄种植山区。许多小型酿酒厂世世代代扎根于此，专注于白葡萄酒的酿造，兹诺伊莫周边的地区是捷克最传统的葡萄酒区。葡萄农的成功首先要归功于阳光，在捷克，几乎没有任何地方拥有如此灿烂的阳光。城市本身的魅力则在于古老的广场和活跃的餐饮业。

景点

古城

从城堡上看到的城市是最美的。今天，当地酿酒厂霍斯坦（Hostan）在这里酿造啤酒。您能够看到下方的河流和前方的山丘，古城中坐落着瓦茨拉夫小教堂（Svatováclavská Kaple）。在两个中心广场——马萨里克广场（Masarykovo）和上广场（Horní Náměstí）周围，坐落着哥特、文艺复兴和罗马风格的房屋。标志性的建筑是市政府塔楼，带有两级尖顶，高达80米，是一处极佳的观景地点。5—9月 9:00—17:00，10月至次年4月 周二至周日10:00—16:00

圣凯瑟琳巨筒（Rotunda Svaté Kateřiny）

这座小教堂是普瑞米斯王朝（Přemysliden）时代遗留的最古老的建筑。它建于11世纪初。拥有超过800年历史的壁画展现着圣经的主题和地方历史事件。Hradní 1 5—9月 周二至周日9:00—17:00，天气恶劣时可能关闭

兹诺伊莫地下设施（Znojemské Podzemí）

当地人曾在400年内挖掘地下的通道用作营房和隔离间。这一地下体系长度超过30千米，部分区域有4层，其中的1千米可供参观。Slepič Trh 2 5—6月、9月 9:00—17:00，7—8月 9:00—18:00，10月至次年4月 周一至周六10:00—17:00，周日13:00—16:00

省钱有道

奥洛莫乌茨中心区一处便宜的住宿点是诗人角旅舍（Poet's Corner）（折页N5）。在拥有2~8张床的客房内，一个床位的价格仅300捷克克朗起。楼内有自行车租借处。Sokolská 1 7 77 57 07 30 www.hostelolomouc.com

低价水库游船：在兹诺伊莫附近的迪吉河畔弗拉诺夫（Vranov Nad Dyjí）（折页 L7-8），每天有3艘环游游船。全家花费300捷克克朗

美食

纳瓦拉屋餐厅（La Casa Navarra）

这里提供地中海菜肴，气氛优雅，而且具有历史感。在这里度过一个悠闲的夜晚是非常合适的。Kovářská 10 €~€€ 5 15 26 68 15 www.lacasanavarra.cz

当地锦囊 永恒餐厅（Na Věčnosti）

餐厅主要提供素食，有丰富的选择。这是一家气氛休闲的禁烟餐厅。Velká Mikulašská 11 € 7 76 85 66 50

购物

各处的专卖店、精品店和葡萄农都提供他们自己的葡萄酒。大多葡萄酒是干型，含矿物。在最大的几个酿酒厂之中，兹诺温酿酒厂（Znovín 5 15 26 72 37 www.znovin.cz）建在一处曾经的修道院内，从修道士大街（Klašterní）进入，您可以在此参加品酒活动。

户外活动

骑车旅行

从奥地利境内的塔亚国家公园（Thaya National Park）到哈尔德格（Hardegg）和雷茨（Retz，距城区不

到55千米 🏠 Cyklostezka 4）之间是一段美丽的骑行路线。到弗拉诺夫水库（Vranov Stausee）的路线沿塔亚河伸展。

住宿

西吉斯蒙德帝王膳食公寓（U Císaře Zikmunda）

这是主广场旁的家庭经营式膳食公寓。在有拱顶的历史建筑中布置了简单的客房。有7间客房。🏠 Horní Nám. 5 ¥ € 📞 6 04 54 14 41 @ www.znojmo-penzion.cz

拉霍菲酒店（Hotel Lahofer）

这家浪漫的酒店开在一条安静的侧街上，位于一座14世纪的房子里，房间以现代风格布置。所属的餐厅同样值得推荐。有15间客房。🏠 Veselá 13 ¥ €€ 📞 5 15 22 03 23 @ www.hotel-lahofer.cz

钟声旅馆（Rezidence Zvon）

旅馆位于在圣尼古拉斯教堂旁边，不久前装修过，风格时尚。有6间客房。🏠 Klácelova 11 ¥ € 📞 7 75 61 11 28 @ www.rezidence-zvon.cz

问询中心

旅游信息中心（Turistické Informační Centrum）

🏠 Obroková 10 📞 5 15 22 25 52 @ www.znojmocity.cz

周边景点

弗拉诺夫水库（Vranovská Přehrada）（折页 K7）

对于喜欢水的人来说，这片长达30千米的湖（城区西25千米处）是一个理想的去处。● 迪吉河畔弗拉诺夫有一处浴场和许多钓鱼点（在市政府获取钓鱼许可 ¥ 400~600捷克克朗）。巴洛克式宫殿弗拉诺夫（Vranov）令人印象深刻。

南摩拉维亚是捷克最重要的葡萄种植区

独特体验之旅

1 捷克最美之旅

起点：❶ 卡罗维发利
终点：⑲ 奥洛莫乌茨

路程：
810千米

10天
乘车时间
12小时

费　　用：两人约 1 400 欧元（含住宿、餐饮、门票、油费）。
携带物品：游泳用品、结实的鞋。

注意事项：大多数观光景点周一不开放。

体验捷克的各个方面：路线从西部豪华的浴场起，穿过原始的、如画般的波希米亚林山来到捷克首都布拉格，最终到达历史底蕴深厚的摩拉维亚。

第1天
❶ 卡罗维发利

行程始于❶卡罗维发利→P.39。请您享受这悠闲的氛围，漫步于柱廊之间，轻抿杯中的疗愈之水，还能在歌德之路上欣赏最美的城市全景。下

上图：马车停在布拉格的旧城广场上

地球的每个角落都有其美丽之处。如果你想发现每个地区的独特魅力，如果你想找到值得驻足观赏的景物、震撼人心的去处、美味的餐厅……这份定制的深度游攻略再合适不过了。

午时分，您将经E49号公路前往❷泰普拉河畔贝乔夫→P.52。这里宫殿中的圣毛鲁斯神殿令人惊叹。晚上，您将驶过230号地方公路前往霍多瓦普拉那→P.53，您将在这里的❸霍多瓦尔酿酒厂（Chodovar）度过第一个夜晚。

就寝前，您还应该享受一次啤酒浴，在附属的餐厅里吃一顿波希米亚菜。

现在该游览两个最精彩的景点。首先是❹特普拉慈善机构→P.53，先乘车前往维斯科夫（Vyš-

24千米

❷ 泰普拉河畔贝乔夫

29千米

❸ 霍多瓦尔酿酒厂

第2天

18千米

❹ 特普拉慈善机构

kov），再经198号大道到达。只有在讲解员的带领下您才可以进入绝美的巴洛克教堂和历史图书馆。在公园里的古老鱼塘旁边来一次野餐是非常不错的。乘车行驶几千米【回到198号大道，再经过霍尔尼克拉莫林（Horní Kramolín）驶入230号大道】就能到达❺玛丽亚温泉市→P.49，这是行程中第二个世界著名水浴城市。也许在您漫步穿过整修精致的市中心时，也会与当年的歌德拥有同样的体验。您应该选择在有些隐蔽的美迪特餐厅→P.50享用晚餐。继续在230号大道上行驶，回到霍多瓦尔酿酒厂，路程只需要15分钟。

20千米

❺ 玛丽亚温泉市

第3天

43千米

❻ 克拉德露比修道院

❼ 比尔森

通过往比尔森方向的高速公路驶往克拉德露比（Kladruby），有些隐蔽的❻克拉德露比修道院→P.57是巴洛克建筑的杰作。您将在下午稍晚些时候到达❼比尔森→P.55。参观有多变展览的西波希米亚美术馆→P.56是值得的。您当然应该参加一次酿酒厂参观活动。古城中心位置的露丝酒店→P.57可以提供晚上的住处。

次日您将动身前往波希米亚林山。从比尔森

出发，根据路标指示驶向❽克拉托维→P.79。您应该看一看那里的地下墓穴和老药房。在古城中稍作游览后，您将驶过彼特罗维采前往哈尔特马尼采（Hartmanice）的❾当地锦囊山中犹太教堂（4—10月 周二至周日9:00—18:00，11月至次年3月 周六、周日9:00—17:00 3 76 38 31 07 @ www.hartmanice.cz）。其装饰风格具有艺术感，其中的展览讲述了犹太人在波希米亚村庄中的生活。您在这一天到达的最后一个目的地是❿卡什佩尔斯凯霍里（Kašperské Hory），位于波希米亚林山之中。请您入住卡斯佩克酒店（Hotel Kašperk）（有24间客房 Námesti 3 ¥ €€~€€€ 3 76 32 41 13 @ www.hotelkasperk.cz）。一条漂亮的步行道从此处延伸至卡斯佩克山（Burg Kašperk），路上景色优美。晚上您可以享受酒店旁边的波希米亚水疗，其隶属于公园酒店（Parkhotel Námesti 4 3 76 58 25 92 @ www.sumavskelazne.cz），在当地锦囊内贝斯潘咖啡厅（Café Nebespán）（Námesti 7 每天 ¥ €~€€ 6 03 25 55 63 @ www.nebspan.cz）。

美丽的波希米亚林山小镇⓫普拉哈季采→P.73是次日的第一个目的地。静静地穿过古老的小巷，随后继续在国家公园中驶过最美的一段路。39号公路从沃拉里（Volary）起，曲折地穿过一片几乎没有人烟的区域，来到利普诺堰塞湖。在小镇切尔纳（Černá），您可以在一处有明显路标的⓬自然浴场中畅游，此后，您将直行前往⓭捷克克鲁姆洛夫→P.74。让这一天在宁静的城市漫步中结束。请一定要在上（Horní）大街旁的耶稣会花园稍作停留，在那里您能够欣赏到从伏尔塔瓦河到城堡的最美景色。您可以在中心区诸多的酒店和膳食公寓中找到住处。

请在早上就租一艘皮筏，这样您就可以尽情漂流于伏尔塔瓦河之上了。回到岸上，动身前往⓮捷克布杰约维采→P.70。这里最值得参观的就是捷克最大的古城市广场，近处的克拉金斯卡27号餐厅→P.71提供午餐。接下来，驶过3号公路来到古老的胡斯教城市⓯塔波尔→P.81。请您参加一次

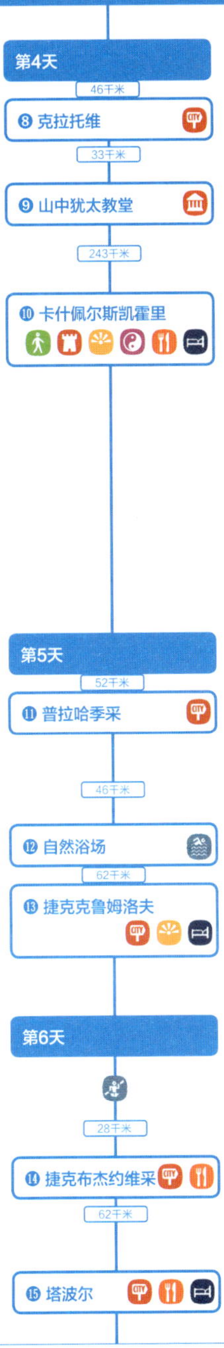

特普拉慈善机构中以华丽的新巴洛克风格建成的图书馆

古老的地下设施的导览！请您在歌尔蒂餐厅（Goldie）享用浪漫的晚餐，随后在同属一家的鹦鹉螺酒店→P.81就寝。

第7天

91千米

⑯ 布拉格

请在稍早的时候出发，经E65号公路前往⑯布拉格→P.62：不要错过这里的城堡、查理大桥和富有魅力的犹太人居住区。乘马车是一种非常美好的体验。您可以缓缓经过各个华丽的建筑外墙，欣赏一番新奇的景象（马车停靠在旧城广场上，一辆马车的行程价格是800捷克克朗起）。要参观坎帕博物馆（Museum Kampa）（U Sovových Mlýnů 2 10:00—18:00 www.museumkampa.cz）吗？这家博物馆专注于当代艺术。此外，在展厅中总能看到伏尔塔瓦河和古城的迷人景色。请您晚上在灯光下的小巷中散步，再在某家旅店中沉入梦乡。

第8天

⑰ 库特纳霍拉

88千米

⑱ 利托米什尔

接下来，您要经过2号地方公路向东行驶75千米到达⑰库特纳霍拉→P.58。

请您看一看银矿→P.59、圣芭芭拉大教堂

→P.59和藏骨堂→P.60。下午稍晚些时候前往⑱利
E米什尔→P.48。请您入住这里的阿普劳斯酒店
→P.49，从酒店可以直接进入一座浪漫的修道院花
园，您可以让这一天在这里惬意地结束。

次日，您可以游览利托米什尔的其他观光景
点，集市广场和宫殿尤其值得参观。下午早些时
候，您可以继续行驶，前往摩拉维亚首府⑲奥洛莫
乌茨→P.90。请您尽情享受这份浪漫的气息！晚上
推荐您住在莫里茨酿造厂。如果您预订了克里瓦膳
食公寓→P.92的房间，整个古城就在您的脚下。

最后，还请您花些时间深入游览奥洛莫乌茨。
您应该看看大主教宫和植物园→P.90以及展品分类
整齐的艺术博物馆→P.91。

第9—10天

86千米

⑲ 奥洛莫乌茨

2 穿过波希米亚林山中心

起点： ❶ 铁矿镇
终点： ❽ 瓦尔德基

3天
乘车时间
15小时

路程： 153千米

难度等级：低
海拔：1 700米

费　　用： 两人约260欧元（含住宿、餐饮、巴士及铁路交通）。

携带物品： 雨衣、防晒用品、水、游泳用品。

注意事项： 行程全程标注为33号骑行道（Cyclotrasa 33）。请您在❸摩德拉瓦的小店里买好食物。乘巴士或火车从❽瓦尔德基返程的行程请务必提前计划，可参看 @ Short.Travel/tsc1及 @ www.bahn.de。

★波希米亚林山被称作“欧洲的绿色屋顶”。这条路线贯穿了国家公园的多山地带，但是平缓的坡度对于熟练的骑手来说不成问题。在这一行程中，旅客的喧嚣和自然的宏伟、森林的幽静和“波希米亚海”利普诺堰塞湖的魅力交织在一起。

第1天

❶ 铁矿镇

30千米

❷ 太阳山卡瓦尔纳

从❶铁矿镇（Železná Ruda）（人口2 000）出发，行1千米便可到达波希米亚林山。在斯尼（Srní），您一定要在旧驿站的❷当地锦囊 太阳山卡

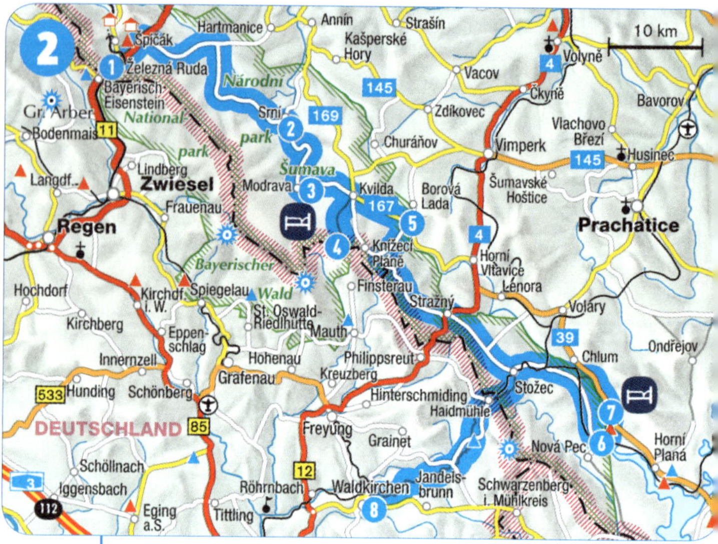

9千米

③ 摩德拉瓦

第2天

15千米

④ 伏尔塔瓦河源头

13千米

瓦尔纳（Slunečná Kavárna）（ Srni 8 6 04 94 91 87）里品尝一块美味的手工蛋糕。离餐厅9千米远的小城③摩德拉瓦如今已是捷克国家公园里最重要的旅游地之一。在这里，您可以舒适地度过旅行的第一晚。如果您还有精力，在悬索花园（ 4—6月、9—10月 周六、周日10:00—16:00，7—8月每日10:00—16:00 350捷克克朗，包括租借装备 @ www.offpark.cz）您可以安全地穿越森林，进行一次约2小时的游览。克罗斯特曼诺瓦酒店（Klostermannová Chata）（ Modrava 4 €€ 37 63 24 2 56 @ www.klostermannovachata.cz）紧邻花园，于1924年建成，是该地区内最古老的旅宿之一。拥有6个房间的小酿酒厂皮沃瓦摩德拉瓦（Pivovar Modrava）提供舒适的客房（ Modrava 10 € 7 76 88 80 88 @ www.pivovarmodrava.cz）。

克维尔达（Kvilda）有些远离居民区，主要因④当地锦囊 伏尔塔瓦河源头而出名。从这里出发可继续前往波洛瓦拉达（Borová Lada）。在东区斯文纳拉达（Svinná Lada），您按照标有“查卢普斯卡斯拉特”（Chalupská Slat）的指示牌前行，就可以

|达村庄外的⑤沼泽地以及捷克最大的沼泽湖。将自行车停在木板路开始的地方，沿着木板路可到达观景点。在那儿附近有一块野餐区，在那里可以一览全貌。回到自行车停放处，您可以骑车穿过一块人迹罕至的原始森林到达小村庄诺瓦皮克（Nováp.c），从那里左转并穿过一座伏尔塔瓦桥，便可到达⑥利普诺堰塞湖→P.77的第一个支流处，在这里您可以泡温泉。从贝拉村（Bela）向左转，沿着一条路况较好的主路行驶几百米，经过小村庄泽尔纳瓦（Želnava）后，便可到达您旅途的下一站——⑦斯伦克纳农场（Slunečná）（Slunecna 3 € 3 88 3 36 108 @ www.biofarama-slunecna.cz）。

回程途中，您可沿着主路（39号公路）骑行约 千米到达皮克那（Pěkná），并向左转驶入（唯一的）田间小路。在小路上，您会穿过伏尔塔瓦河。从小火车站向右转，骑行几千米便可重新回到33号骑行道上。在斯托谢茨（Stožec）处转弯可到达捷克与德国边界的小村庄海德穆勒（Haidmühle，路标024）。从这里开始，沿着一条旧火车铁轨骑行约26千米可以到⑧瓦尔德基（Waldkirchen），全程大部分是平缓的下坡路。

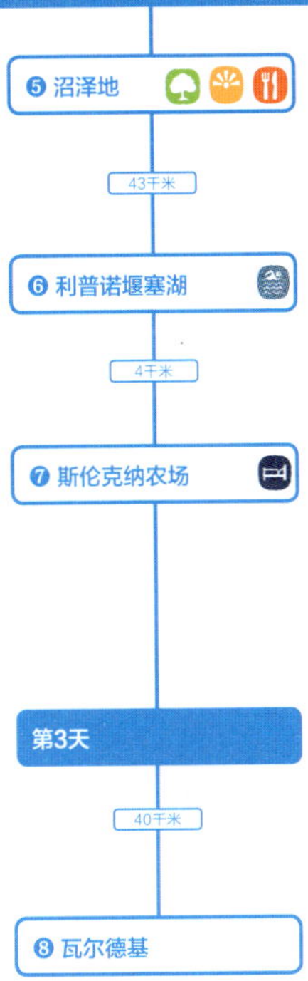

3 漫步捷克天堂

起点： ① 科特瓦
终点： ① 科特瓦

3天
步行时间
5小时

路程： 约20千米
难度等级：中 海拔：500米

费　　用： 两人约40欧元（含门票、午餐、回程车票）。
携带物品： 登山鞋、水、雨衣、防晒产品。
注意事项： 道路标识完善。最后一班回程火车19:44发车（列车时刻表详见@www.idos.cz）。

您可以全程步行游览捷克天堂，这里有城堡遗址、梦幻般的观景台，尤其是气势磅礴的突岩，拔地而起。在这里，您可以看到许多攀岩爱好者，他们将这些稀奇古怪的岩石当作训练的最佳场所。

捷克

火车站

1.9千米

❶ 科特瓦

1.9千米

❷ 华伦斯坦宫

4千米

观景平台

1.9千米

❸ Věžický Rybník湖

4.6千米

❹ 赫鲁巴斯卡拉城堡

1.4千米

本次旅行的出发点是捷克天堂内的小村
❶科特瓦（Ktová）的火车站。沿着一条约2千
平缓的上坡路可以到达宏伟壮观的❷华伦斯
宫（Hrad Valdštejn）（4月、10月 周六、周
9:00—16:00，5—8月 周二至周日9:00—17:30，
月 周二至周日9:00—16:00）。从观景平台向外
望，可以欣赏整个区域的美景。城堡始建于14
纪，建在两座华丽的岩石之上。这座城堡曾一度
入土匪的手中，成为他们的聚居点。

接下来沿着路标“赫鲁巴斯卡拉”（Hrub
Skála）一直走，穿过塔克夫（Tachov）城市边界，
不久便可以看到一片小湖，然后在露营地向左转。
约1千米后，向右转，再行进几百米，您可以看到一
片更大的❸Věžický Rybník湖，湖两岸有许多浴场。
休闲过后，返回岔路口，行约4千米便可到达❹
鲁巴斯卡拉城堡，这座建在岩石之上的城堡，景
无与伦比。在查美卡餐厅（Zámecká Restaurance）
（Hrubá Skála 1 ¥ €€ 4 81 65 91 11）的露
上用餐的同时，您也可以欣赏美景。

在露台上可以一览赫鲁巴斯卡拉砂岩的壮观景象

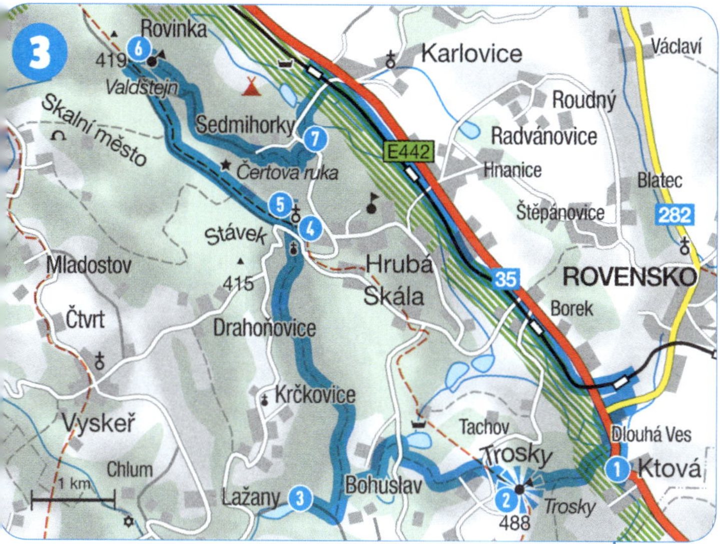

城堡位于❺岩石城大洞穴（Skalní Mesto Hrubá Skála）的边缘，大洞穴里，无数巨大的砂岩拔地而起，直指天空。穿越城市的道路大多是森林中的土路，有一些是木板小路。回到城堡，沿着蓝色的路标一直走，可以路过许多壮观的岩石群，行进约3千米，可到达❻华伦斯坦宫（🕒 4月、10月 周六、周日10:00—17:00，5月 周二至周日9:30—17:00，6—8月 每日9:00—18:00，9月每日9:30—17:00 @ www.hrad-valdstejn.cz）。这里曾是拦路抢劫的土匪窝点，如今，这里已改造为位于岩石之上的歌德复兴式建筑。从这里前进约3千米，便可到达疗养中心❼赛德米豪凯（Sedmihorky）。整个疗养中心呈U形围绕一个主广场而建。这里可以作为您旅途的最

❺ 岩石城大洞穴

3.3千米

❻ 华伦斯坦宫

3.1千米

❼ 赛德米豪凯

7.5千米

① 科特瓦

后一站。火车站离这里仅约1千米，乘坐每两小时发出一班的火车，几分钟便可回到①科特瓦。

4 追寻历史的足迹

起点：① 罗斯诺夫-波德-拉德霍斯滕
终点：⑦ 泰尔奇

路程：
➡ 280千米

3天
乘车时间
4小时30分

费　　用：两人约510欧元（含住宿、餐饮、门票、油费）。
注意事项：在④布尔诺的凉亭餐厅（☎5 41 21 34 97）一定要预订一个靠窗的座位。

这趟旅行可以让您见识到巴洛克风格的花园仙境和斯拉夫的民间艺术，还可以见到一位曾经的工厂领导。在摩拉维亚您可以看到世界遗产和奇妙的大自然，但是这里游客并不多，因为东部的美是含蓄的。

第1天

① 罗斯诺夫-波德-拉德霍斯滕

59千米

② 兹林

第2天

37千米

③ 克罗梅日什

66千米

④ 布尔诺

旅途从过去开始：在①罗斯诺夫-波德-拉德霍斯滕→P.95，您可以找到捷克最大的露天博物馆。在瓦拉几亚（Walachei）的旧屋中，您可以了解摩拉维亚人的民俗。午饭过后，向②兹林→P.88方向出发，那里有工业区。非常显眼的高楼约77米，这是欧洲第一批摩天大楼之一，曾经是鞋类巨头托马斯·巴特阿的公司所在地。您可以参观小博物馆的内部以及电梯里的传奇办公室。在当地锦囊➡屋顶露台上可以欣赏附近的美景。您可以在现代化的巴塔西酒店（Hotel Baltaci）（有28间客房 🏠 Lešetín 2 ☎5 77 00 41 00 @ www.baltaci.cz ¥ €€€）过夜。

旅途第2天继续向③克罗梅日什→P.87行驶。首先游览大主教城堡→P.87。接下来，步行几分钟便可到达巴洛克花园→P.87，从华丽的白色廊柱顶上可以一览整个建筑群。

下午可以开车到达④布尔诺→P.83。在这里，您可以看到展示现代建筑之美的图根哈特别墅

→P.85。在凉亭餐厅→P.85里吃一顿烛光晚餐也是旅途的一大亮点，尤其是当您提前预订了靠窗的位置时，透过窗户可以看到公园的美景。夜晚，华灯初上，您可以散步至斯皮尔贝格城堡→P.84，然后下榻在西罗酒店→P.86。

在前往特热比奇的路上，从凯阿卡（Kýalka）出口处出来，穿过23号乡间小路（经过奥斯拉瓦河畔纳梅什季驶入399号公路）可以到达大叻塞斯→P.99。啤酒爱好者在那里经营着一家小啤酒厂⑤皮沃瓦尔大叻塞斯（Pivovar Dalešice）（Dalešice 71 10:30之后 5 68 86 09 42 @ www.pivovar-dalesice.cz）。在您参观过啤酒厂之后，您一定要在旁边的餐厅（¥ €~€€）品尝一下摩拉维亚的特色菜。接下来，继续沿着351号公路行驶，到达⑥特热比奇→P.97。您应该先参观一下教堂，然后游览犹太人的街区。您可以在小咖啡厅或者精致的小店里消磨时间。晚上，继续向⑦泰尔奇→P.95出发。您可以在霍尔尼策膳食公寓→P.96过夜，从房间里，便可以看到主广场上发生的一切。但是，您还是应该出去走一走。环湖散步过后，在拉本科餐厅（U Hraběnky）的啤酒花园里坐一坐，是结束这一天旅途的最佳方式。

第3天

63千米

⑤ 皮沃瓦尔大叻塞斯

19千米

⑥ 特热比奇

34千米

⑦ 泰尔奇

户外活动

捷克正在发展成为运动大国。每逢周末和下班后，捷克随处可见骑行和慢跑的人；在假期，捷克的游客也占领了他们的本土景点。

如果您携带着运动装备准备去运动，那您就算来对了地方。如果您想要租借必要的装备，如山地车、皮划艇或者滑雪板，在波希米亚或者摩拉维亚到处可见租借处。过去几年时间里，运动设施在不断完善。

高尔夫

在捷克，高尔夫正在成为一项流行运动。想要将高尔夫变为自己的一项爱好，那就定期去球场上挥一挥杆。正因有需求，各类设施也在迅速完善。捷克最受欢迎的是当地锦囊 卡尔施泰因的27洞高尔夫球场（@ www.karlstejn-golf.cz）。在这里，您可以站在中世纪的城堡上一览美景。

在捷克50多处高尔夫球场中，总有一个能够令您满意。更多详情请咨询高尔夫旅行社（Golf Travel Association @ www.cgta.cz）。

攀岩

在捷克天堂的自然风景保护区里，每到夏日，就可以看到十几个攀岩

上图：捷克瑞士

捷克是运动者的天堂——徒步、骑马、攀岩、高尔夫、滑雪、划船等应有尽有。

爱好者，尝试征服又细又尖的岩石。长久以来，有许多条开发好的线路，提供给攀岩爱好者。在那里，您还可以找到专业的攀岩钩和搭扣。

除了在捷克天堂里，攀登的人还经常聚集在捷克瑞士，这里是易北河砂岩山脉靠近萨克森边界的一部分。在 @ www.czechclimbing.com 可以找到最好的路线。如果您是新手，想要尝试一下攀岩，在布拉格东区霍拉舍维采有当地锦囊 最大的室内攀岩墙之一（Lezecké centrum Mammut 🏠 Bubenská 43 🕒 周三、周五至次周一 10:00—23:00，周二、周四 7:00—23:00 📞 2 33 37 14 81 @ www.stenaholesovice.cz）。

骑行

在捷克许多大城市，如布拉格、布尔诺、比尔森，骑行设施十分不健全。但是，在乡下，越来越多的县城

捷克

靠着骑行旅游业发展起来，并且大力建设有标识的骑行道。小村庄当地锦囊斯拉沃尼采（Slavonice）位于捷克南部靠近奥地利边界的地方，是骑行者的天堂，这里也是国际骑行路线的必经之路。兹诺伊莫附近区域已经开发得很好了，大部分的路线都有葡萄酒相伴，途中有多处品酒地点以及酒庄（更多信息请咨询旅游中心 @ www.znojmocity.cz）。在波希米亚林山里，道路围绕着科维尔达（Kvilda）形成了一个纵横交错的道路网。在波希米亚林山里进行山地骑行的更多信息详见 @ www.sumavanet.cz。在许多城市您都可以租借自行车，详情请咨询交通管理处。捷克的铁路公司也提供自行车租借服务，租借处详细地址请见地图（@ www.cd.cz/pujcovnykol）。

骑马

乡下无人问津的小路是骑马爱好者理想的路线。您可以在许多地方借到马匹，大部分是在牧场里。根据地区的不同，具体的位置请上网查询或者询问当地旅游中心。乘坐有篷马车旅行也十分受欢迎，尤其是对于有孩子的家庭来说。例如，在南波希米亚的因德日赫城堡（@ www.zigeunerwagenferien.com）就可以找到有篷马车。

徒步

您不可能会迷路。在捷克，带有标识的徒步路线长达百千米，根据您自己的喜好，可选择路较多或较少的路线。波希米亚林山、厄尔士山脉和克拉科诺谢山都是经典的徒步目的地；除此之外，在捷克的东部，也有一些值得探索的小地点如斯洛伐克边界贝斯基德山或者耶塞尼克山。关于游览和路线的详细信息，您最好咨询切斯基旅游俱乐部（Českých Turistů @ www.kct.cz），这个俱乐部组织的徒步旅游都很好。获取该地区附近详细的徒步路线请前往当地的书店，详细信息包括推荐路线请查询 @ www.tschechische-gebirge.de。

水上运动

帆船、冲浪、潜水、皮划艇、游泳……这里的水上运动应有尽有，总有能满足您的个人喜好的运动。在捷克较大的堰塞湖附近有许多水上运动中心，在那里可以租借小船或者各种装备，特别是位于波希米亚林山里的利普诺堰塞湖、奥利克（Orlík）蓄水坝和伏尔塔瓦河畔斯拉皮水库（分别位于布拉格以南80千米和40千米处）、多克西（Doksy）附近的马查湖（Mácha）以及位于捷克东部的茨尔曼尼采湖（Žermanice）、新梅利尼湖（Nové Mlýny）和弗拉诺夫水库。在萨扎瓦河（Sázava）上设有最好的皮划艇设施，哈夫利奇库夫布罗德（Havličkův Brod）和萨扎瓦河畔蒂内茨（Týnec Nad Sázavou）则是最好的起点，斯韦特拉（Světlá）附近的这段水路十分受欢迎，伏尔塔瓦河畔的捷克克鲁姆洛夫也是皮划艇运动的好地点。在人们享受过水上运动的乐趣之后，大部分向外租借小船的人都负责将游客的汽车开到岸边。

克拉科诺谢山上的滑雪场

养生

最经典的养生之旅目的地是疗养中心，主要集中在由卡尔思浴场（Karlsbad）、玛丽亚浴场（Marienbad）和弗兰真浴场（Franzensbad）构成的浴场三角区。这些地方主要进行保健的疗养，若您只想要放松一下，那么在全国各地的酒店里都有设施齐全的水疗吧。

冬季运动

如今，正如阿尔卑斯山中大部分滑雪场的情况一样，捷克大部分的滑雪场，包括克拉科诺谢山中的滑雪场都人满为患。在捷克，滑雪之旅也不再那么便宜。老滑雪场的设施已经无法满足如今日益增长的需求，许多老旧的电梯容纳的人数也很有限。什平德莱鲁夫姆林（Špindlerův Mlýn @ www.spindleruv-myln.cz）号称“东部基茨比厄尔”，位于克拉科诺谢山之中。这里有最好的滑雪道，若是雪量不足，还有充足的人工雪；当然，这里的价格也很高。在这里和哈拉霍夫（Harrachov），滑雪爱好者可以找到相应配套设施、粉雪滑道和雪板。对于越野滑雪爱好者来说，波希米亚林山是他们最好的选择，例如，可以将科维尔达（Kvilda）作为起点。耶塞尼克山和厄尔士山脉上也有许多滑雪场：普拉迪德（Praděd）和德斯特尼（Děstné）都深受捷克人喜爱。更多信息请查询 @ www.czechtourism.com 或www.snowpage.de。

带着孩子旅行

在捷克带孩子旅行，安全没有问题。是否带着孩子，对于出行并不会造成什么影响：捷克人乐于带着孩子一起登山、参观城堡和徒步旅行。

几乎所有的景点都考虑到带孩子出行的情况：博物馆和公园都有家庭套票，餐厅里有儿童高椅。在晴朗的周末，在大部分的景点都可以见到出来旅游的家庭。在过去的几年中，许多专门为儿童准备的休闲娱乐项目和设施被建造出来。在捷克许多城市里有很多游乐园、水上乐园和运动场。

唯一美中不足的地方就是，当您带着儿童车出行时，会碰上许多台阶和小石子，许多历史古城仍未设立无障碍设施。关于公共交通，只有少数汽车和城际铁路设立了可降低的台阶。遇到没有这些便利设施的时候，只能抬着儿童车而不是推着了！

北波希米亚

童话节（Festival Pohádek）（折页L3）

小城伊钦每年都会变成童话爱好者的天堂。9月中旬，童话周开始。豪华的盛装游行拉开了童话节的帷幕，结束之时也伴随着耀眼的烟花。在这期间有一个民间节日，会有许多小摊和优惠活动。旅游中心：Husova 206 Jicin 4 93 59 27 93 www.jicin.cz

上图：什平德莱鲁夫姆林运动公园里的夏日滑道

从童话节到有趣的鬼怪博物馆——孩子们一定会在捷克玩得开心。

游乐园和运动乐园

想要体验皮划艇、绳索攀岩或者如沙滩排球或足球的运动，这些在热莱兹尼布罗德（Železný Brod）（折页J2）的泽路塔布罗瓦尔纳公园（Žlutá Plovárna ⓒ 夏季每日开放，其他季节开放时间有所变化 ¥ 每个项目单独付费 @ www.zlutaplovarna.cz）里都能实现。

在派克波特斯奈兹库（Pec Pod Sněžkou）（折页K2）的休闲公园（Relax Park ⓒ 随季节而变化；多数时间为周一至周五9:00—18:00，周六、周日9:00—20:00 @ www.relaxpark.cz）中，您还可以找到巨大的蹦床、滑道以及其他娱乐设施，这里每个项目单独付费。大人和孩子可以在什平德莱鲁夫姆林（折页K2）、克拉科诺谢山里享受在夏日滑道呼啸而过的感觉。滑道全长1.4千米，共穿过3条隧道（ⓒ 有变动，大部分时候为10:00—17:00 ¥ 门票为每次100捷克克朗，1.4米以下儿童每次70捷克克朗 @ www.bobovka.cz）。在其所属的高索花园猴子公园

水边玩乐，这在捷克许多地方都可以实现

（Monkey Park），成年人和1.4米以上儿童可以进行攀岩，15岁以下儿童免费（¥ 门票450捷克克朗，1.4米以上儿童、15岁以上儿童300捷克克朗）。

巨型水族馆（Obří Akvárium）（折页K3）

水族馆位于赫拉德茨-克拉洛韦，是中欧最大的水族馆之一。您首先将会穿越许多不同的热带雨林区，令人眼前一亮的是玻璃隧道，它使人们得以在海平面以上遨游海底世界。🏠 Baarova Ulice 10 ⏲ 周二至周日9:00—18:00 ¥ 门票120捷克克朗、儿童80捷克克朗 @ www.obriakvarium.cz

科技馆（Techmania）（折页E5）

位于比尔森的科技中心十分适合儿童参观。在这里，孩子们可以亲自体验自然科学的奥秘。科技馆内的展品几乎全部可以触摸，可以亲自体验。注意：交通路线较复杂，因为展出位于大型机械制造公司斯柯达的工厂区域里。🏠 Borská（从V号厂房大门进入）⏲ 周一至周五8:30—17:00，周六10:00—19:00，周日10:00—18:00 ¥ 门票180捷克克朗、儿童110捷克克朗，不同的体验项目价格不同，需额外支付费用 ☎ 7 37 24 75 85 @ www.techmania.cz

波希米亚中部

儿童岛（Dětský Ostrov）（折页c5）

儿童岛是布拉格伏尔泰河上的岛屿之一，是孩子们的乐园：岛上1万平方米的土地上设有不同的游乐区——从入口处的滑梯和秋千到一个小型的运动场。家长们可以坐在公园长椅上休息，也可以去附近的啤酒花园一览布拉格河滨美景。入口处位于Janáčkovo Nábřeží路上 4—10月每日9:00—20:00，11月至次年3月 每日10:00—18:00 门票免费

科技博物馆（Národní Technické Muzeum）（折页 e1）

这里欢迎各个年龄阶段的人参观，在布拉格的科技博物馆里展出了不计其数的历史上的飞机、铁路和汽车模型。除此之外，馆内还设有各种主题的展出，如天文、设计和印刷展。Kostelní 42 周二至周五9:00—17:30，周六、周日10:00—18:00 门票190捷克克朗，儿童90捷克克朗 www.ntm.cz

脚踏小船游（折页 c4）

在布拉格国家大剧院对面的左芬岛（Žofín）上可以租借脚踏船和手摇船。不到1小时，便可环岛一周，并欣赏两岸美丽的老房子，您还可以向坐着游轮环岛的游客挥手致意。岛上共有两处租借处，相邻很近，因有码头，从远处便可看到。因天气情况和需求而变化，夏季天气晴好时，项目开放至傍晚

南波希米亚

鬼魂博物馆（Strašidel Muzeum）（折页 J6）

位于佩尔赫日莫夫（Pelhřimov）的鬼魂博物馆（因德日赫城堡以北40千米处）展出“该地区真实存在的超自然之物的复制品”。女巫和精灵与真人同高，栩栩如生。博物馆位于一个中世纪的拱形地下室中，有些令人毛骨悚然。Masarykovo Nám.17 6—9月 周一至周五9:00—17:00，周六、周日10:00—17:00；午间休息12:00—12:30 门票25捷克克朗

玻璃小屋（Skelná Huť u Hluboké）（折页 G7）

在位于捷克布杰约维采北部的哈德约维采（Hrdějovice）的玻璃小屋里，儿童和成人不仅可以参观大师制作的艺术花瓶和装饰作品，还可以尝试吹玻璃。Zahradní 370 5—9月9:00—16:00 50捷克克朗 6 07 16 44 33 www.glassstudio.cz

摩拉维亚

恐龙公园

摩拉维亚里共有两个恐龙主题公园，里面展示了恐龙模型：一个位于维什科夫（Výškov）（折页 N6），带有一个动物园（Cukrovarská 9 6—9月 9:00—18:00，4—5月、10月仅偶尔开放 门票160捷克克朗、儿童110捷克克朗 www.dinopark.cz）；另外一个位于俄斯特拉发的多布拉瓦（Doubrava）（折页 P4）（U Dino Parku 1 5—9月 9:00—18:00 门票130克朗、儿童80克朗 www.dinopark.cz）。

当地锦囊 **洞穴**

摩拉维亚共有10多个洞穴等待着人们去探索。位于斯拉维汀（Slavětín）（折页 N5）的加罗瑞克洞（Javořícko）以及位于布兰斯科（折页 M6）的庞克维尼石窟值得游览。关于捷克洞穴的更多信息请查询 www.caves.cz。

每月节庆与活动

捷克人是一群音乐爱好者，他们每年都会纪念超级巨星德沃夏克和斯美塔那，多种多样的节日便是最好的证明。即使您喜欢其他的音乐形式，在这里也能找到适合您的音乐节，如：夏季在赫拉德茨-克拉洛韦举行的全民摇滚节（Rock For People Festival）。

除了大型的跨地区的著名节日之外，几乎每个地区都有自己的庆祝节日、体育和文化活动。

节庆/活动

1月　在利贝雷茨附近的伊泽拉山举办的滑雪马拉松季泽尔斯卡50（Jizerská 50）每年吸引着数百位长距离滑雪爱好者前来挑战50千米的赛道。@ www.jiz50.cz

5月　因布拉格马拉松，半个老城都会封路。参赛运动员将沿着伏尔塔瓦河岸伴着美景奔跑。@ www.pim.cz

5月、6月 当地锦囊 “布拉格之春”是捷克最重要的经典节日，届时将有来自世界各地的独唱演员为大家带来精彩表演。@ www.festival.cz

6月　在佩尔赫日莫夫，每年的6月第二个周末都会举办 当地锦囊 “之最”狂欢节。这里有一座关于纪录和奇闻趣事的博物馆（Palackého 47 9:00—17:00 @ www.muzeum-rekorduakuriozit.cz），里面记录了许多疯狂的想法。在斯特拉日尼采（Strážnice），每年6月最后一个周末都会举办国际民间艺术节。@ www.nulk.cz

6月、7月　利托米什尔歌剧节（Opernfestival Litomyšl）每年在贝多伊齐·斯美塔那的出生地举办，为期3周。这是捷克最大的经典露天歌剧节日。强大的明星阵容使得音乐会吸引着来自世界各地的观众。@ www.smetanovalitomysl.cz

7月、8月　当国际电影节在卡罗维发利开幕时，整座城市人头攒动。好莱坞名流和来自全欧洲的观众都涌入到几十间礼堂中。@ www.iffkv.cz

当全民摇滚节（@ www.rockforpeople.cz）在赫拉德茨-克拉洛韦开幕的时候，一个小飞机场将会变成摇滚爱好者的聚集地。当地锦囊 国际音乐节多彩俄斯特拉发（Colours of Ostra-

捷克人热爱他们的节日，尤其是在夏季，无论是音乐节还是体育节，狂欢高潮都一波接着一波。

a）为期4天，届时将有来自各大洲的乐队演出。@ www.colours.cz

为纪念1842年按比尔森酿造法酿出的第一桶啤酒，人们每年都在比尔森欢庆一周。届时将会举办捷克最大的啤酒节，人们会在啤酒节上畅饮。@ www.pilsenerfest.cz

9月、10月　为致敬古典音乐，摩拉维亚之秋音乐节每年都在布尔诺举办。在布尔诺长达两周的庆典也是国际音乐节的高潮，平时也会有许多小的节日演出。@ www.mhf-brno.cz

10月　在帕尔杜比采举办的越野障碍赛马是全欧洲难度最高的赛马赛事。该比赛在1874年第一次举办。@ www.pardubice-racecourse.cz

节庆日

1月1日	元旦
3月、4月	复活节后的星期一
5月1日	劳动节
5月8日	（反法西斯）解放日（1945年）
7月5日	斯拉夫传教士西里尔和美多德纪念日
7月6日	扬·胡斯纪念日（1415年）
9月28日	圣瓦茨拉夫节（捷克国家意识纪念日）
10月28日	捷克斯洛伐克国家独立日（1918年）
11月17日	争取自由和民主纪念日（1989年）
12月24—26日	圣诞节

旅行随时查

www.zamky-hrady.cz 该网页上介绍了捷克所有的城堡，信息全面，图片优美。有英文版。

www.hrad.cz 关于捷克总统及其办公地点和布拉格城堡的网页，有捷克语和英语版。该网页上有许多关于展览、票务和音乐会的信息，还有风景名胜的图片。

www.expats.cz 这个英文网页主要是针对因工作迁入捷克的外国人而开设的，但是该网页里不只有工作岗位和政府信息，也有热门餐厅和酒吧的信息。

prahauebekeblog.blogspot.com 这是美国记者格兰特保德库（Grant Podelco）游遍布拉格及其周边地区而写下的博客。博客里不仅有游记，还有美丽的照片，页面内容为英文。

www.czechtourism.com/cn/home/ 这是捷克旅游局的官方中文网站。在上面您可以找到许多实用的景点、交通、住宿、餐饮信息。

无论是准备出行还是已到达，这些网址和信息都能够为您的旅行提供帮助。

short.travel/tsc4 从“随手一拍”到“专业级摄影”，关于捷克的照片您都可以在这里找到。仅仅是关于布拉格，就有超过1 000张照片。

www.budgetyourtrip.com 去捷克旅行一次平均花费多少钱？在这里，游客们公开自己的费用，您可以通过平均值估计当地的物价。

short.travel/tsc2 丝绒革命期间各种成果的集中展示。评论虽是捷克语，但是通过图片影像，人们仍然可以重回那段旧时光。

short.travel/tsc3 德国历史上激动人心的一刻：1989年，时任西德外交部长汉斯·迪特里希·根舍（Hans Dietrich Genscher）站在布拉格德国大使馆的阳台上，对着从东德来到捷克的难民宣布，两德统一进程开始了。

iSki Czech 特别适合冬季运动爱好者：在这里您可以找到捷克实时开放的滑雪场的所有信息，如天气状况、积雪厚度，上面还有卫星实拍图。

实用信息

到达

捷克有5个主要的国际机场，分别位于布拉格、布尔诺、俄斯特拉发、卡罗维发利和帕尔杜比采。其中布拉格的瓦茨拉夫·哈维尔机场是捷克最大的国际航空交通枢纽，北京和上海均有飞往此机场的直达航班，航程为10小时左右。

瓦茨拉夫·哈维尔机场有3个航站楼，T1的航班为出入欧盟境的航班，T2为欧盟境内航班，T3用于私人飞机起降。机场距离市区约30千米。

从布拉格机场出入市区有3种主要的方式。一、搭乘公交车。布拉格交通通票的价格为24捷克克朗（30分钟内有效）、32捷克克朗（90分钟内有效）、110捷克克朗（24小时内有效）和310捷克克朗（72小时内有效）。一般前往或者离开机场需要购买90分钟的票。如行李较大则需购买行李票，行李票价为16捷克克朗。二、乘坐机场大巴。大巴票价为60捷克克朗，6~15岁的儿童半价，可直接向司机购票，可免费携带行李。从机场出发的大巴时间为周一至周日5:30—21:00，停靠站分别为2号航站楼—1号航站楼—共和国广场（Náměstí Republiky，可换乘地铁B线）—中央火车站（Hlavní Nádraží，可换乘地铁C线）。三、乘坐出租车。正规出租车打表从机场到市区为500~600捷克克朗。

绿色出行

旅行时，您也可以改变世界，比如时刻提醒自己在旅程中尽量选择较少二氧化碳排放的交通方式，学习如何以环保的方式规划您的路线。同时也要注意，尽量保护旅行国家的自然和文化。作为游客，保护自然环境、保护区域特色、减少自驾、节约用水等保护生态环境的举措是非常重要的，请务必多加关注。

问询中心

捷克旅游局驻北京办事处

北京市朝阳区建国门外大街24号京泰大厦1507室 010-65156550

捷克旅游局驻上海办事处

上海市黄浦区成都北路500号1008室 021-63150582

驾车

密集的居民聚居区限速每小时50千米，乡间公路上限速每小时90千米，高速公路上限速每小时130千米。近光灯全年全天必须打开。从11月至次年3月底，由于天气原因汽车必须换上防滑轮胎。您最好按要求换上全部轮胎，以避免与当地警察发生不必要的冲突，甚至可能会导致罚款。当地警察一向持零容忍态度。开车时打电话也被禁止。

上高速前您需要有已缴纳交通费的标签，在边境、几乎所有的加油站和邮局都可以买到。交通费价格因地区不同而有所波动，您最好在出行前向汽车俱乐部了解实时价格。

越向东走，车辆越少。乡间公路上的指示牌并不十分明确，多数情况下，路牌标示出下一个村庄，而并未指明其所在城市。只有在布拉格情况有所不同，在首都布拉格，就连特别偏僻的地方也会很好地标示出来。您最好按公路号码为自己导航，几乎所有的大型公路都有号码。您既可以在地图上、也可以在路边的指示牌上看到这些号码。一些地方的入口处限速每小时50千米，有较长的白色指示牌标识，牌子上写着地名。这些牌子明显比其他牌子小，加之其白颜色而不容易被人们发现。

柴油在捷克语里叫“Nafta”，汽油的号码在油枪上有明显标识。人们可以在绝大多数地区的中央广场上找到便宜的停车位，在布拉格市中心区域，停车位几乎全部被本地居民预订了。

银行/货币

1捷克克朗（Koruna Česká）等于100赫勒（Haleru）。面值最小的硬币为1克朗硬币。在柜台结账时，分币自动四舍五入。您最好到银行去换钱，或是拿银行卡在自动取款机上直接取当地货币。小村庄也有银行和自动取款机。货币兑换所可能会收取隐性兑换费。无论如何也不要在大街上随意换钱。

它们值多少钱

啤酒	人民币7~12元，在小酒馆人民币4元
咖啡	咖啡馆中的一杯咖啡人民币12元起
门票	许多博物馆人民币15元起，布拉格的尤其多
用餐	一顿典型的捷克菜约人民币40元起
车票	短途交通单程价格人民币7~10元
文化	布拉格国家大剧院内的歌剧门票人民币80元起

外事机构

中国驻捷克大使馆

Pelléova 18，16 000 Praha 6 – Bubeneč 周一至周五8:30—12:00、13:30—17:00（节假日除外）总机电话 (42 02)33 02 88 00，领事部电话 (42 02)33 02 88 98、（42 02）24 32 22 35 www.chinaembassy.cz/chn

入境

捷克为申根国家，中国游客办理赴捷克申根旅游签证，可获得有效期不超过3个月、最长停留时间不超过3

个月的签证，约需15个工作日出签。办理签证所需费用为与60欧元等值的人民币（约480元人民币）。

捷克共和国驻华大使馆签证处

🏠 北京建国门外日坛路2号 🕒 周一至周四8: 30—11:00 📞 010-85 32 95 00

捷克共和国驻沪总领馆签证处

🏠 上海娄山关路83号新虹桥中心大厦808室 🕒 周一、周四9:00—12:00 📞 021-62 36 99 25

门票/导览

许多城堡只有跟随导览人员才可进入，导览多使用捷克语。在大型景点里可能会有英语导览，但是英语的导览明显比普通的价格要高，多数为6~8欧元。若您想去一些不太热门的景点，可以加入一个当地的旅行团，索取一个英语简介的小册子。博物馆和景点的门票通常为2~4欧元，但是参观著名的房屋，如布尔诺的图根达特，门票就很贵，为12~15欧元。

健康

诊所在捷克并不常见，捷克在医疗卫生方面十分注重医院的建设和完善，全科医生经验丰富。您可以在大使馆处获取会说英语或中文的医生信息。紧急情况下，您最好去往附近大城市的带有红十字标识的医院。医院在捷克语里为“Nemocnice”。入境不要求提前注射疫苗。水管里的水是直饮水，可以放心饮用。

网络/无线网

就连许多小村庄的咖啡馆、酒店和餐厅里都有无线网，网吧也随处可见。带着自己的笔记本电脑，大多数情况下可免费接入无线网络。在网吧里，您大约需要支付每小时1欧元的费用，热门旅游线路沿线的网吧价格会贵很多。

媒体

只有在布拉格可以找到外语报

书籍/电影

《好兵帅克》：哈谢克的世界文学作品，情节有趣，令人捧腹，也是研究捷克人性格的范本。

《玩笑》：米兰·昆德拉的长篇小说，是其早期巨作之一，以动人、深情而又奇特的眼光窥视社会主义的日常生活。

《给我一个爸》：1996年奥斯卡影片，导演是扬·斯维拉克（Jan Zvěrák）。影片直接反映出当时政治巨变，触动人心地分析了当时社会状况，是捷克影院时期影片中最好的一部。

《公民哈维尔》：该纪录影片讲述了总统瓦茨拉夫·哈维尔执政早期的岁月，生动形象地描绘了一位早期持不同政见者，时至今日，他仍是许多人的榜样。

纸。实时活动信息（专栏：城市杂志）参见英语报纸《布拉格邮报》（*Praha Ue Post* @ www.Prahauepost.com）。这种周报可以在种类齐全的报刊亭买到。

汽车出租

大型国际公司在布拉格都设有分部，但是价格多数比较昂贵。除布拉格外的城市，租车点极少！捷克本地供应商，如阿里梅克斯（Alimex @ www.alimexcr.cz）或捷克租车（Czechoca @ www.czechocar.cz）提供更优质、价格更低廉的租车服务。小型车辆的费用约为每天40欧元。您一定要注意价格是否包含车险，有时候车险需要单独签订合同。

紧急呼救

急救和火警电话：☎ 112；报警电话：☎ 156

公共交通

短途公共交通系统在小城市也十分完善。捷克的铁路是全欧洲最密集的，跨国的大巴车也将大大小小的城市乃至其他国家连接在一起。有时候，公交公司派出的车辆十分老旧，但更多时候是新式的旅游巴士。

服务商学生代理处（Student Agency @ www.studentagency.com）提供的全都是新型巴士。除了去往布拉格的国际路线之外，国内线路的往返也十分频繁。铁路和大巴的发车时间表请查询 @ www.idos.cz。乘坐火车和大巴出行性价比较高。

营业时间

捷克没有统一的营业时间，店铺的关门时间都十分自由。一般情况下，商店在工作日的营业时间为10:00—18:00，较小的店铺一般中午会有短暂的午休。一些店铺周日也营业。在较大的城市可以找到24小时营业的超市。部分景点和博物馆也会在中午关闭1小时。

物价

一般来说，捷克的日常消费水平比西欧国家略低。公共交通要稍便宜些，餐饮业消费水平也一样。但是，国际知名品牌价格并不便宜，如知名日用品、化妆品以及服装、鞋和电子产品。

旅游时间

如果您想要多参观博物馆和城堡，您最好在4—10月之间来捷克旅游。在其他时间，这些景点要么完全关闭，要么营业时间极短。

安全

捷克是一个特别安全的国家，尽管如此，在布拉格街头仍然游荡着许多小偷、碰瓷的人和骗子，他们将游客作为主要的下手目标。如果您开的是新车、豪华车，那您也要小心了，小偷们喜欢对外地牌照的豪车下手。您最好装一个方向盘锁。开豪车的游客最好将车辆停放在酒店车库里过夜。

捷克

电源

捷克的插座电压为230伏。欧标窄插头的电器不需要使用转换插头，带有三孔插头的电器原则上需使用一个适合中欧和东欧的转换器。

出租车

较小的城市也有出租车。在布拉格，您最好不要乘坐可疑的出租车，一些黑出租要价高昂。您最好通过酒店预订出租车。在布拉格，有一些带有“Fair Place”标识的出租车停靠点，您在这里也可以放心地打车。

重要的提示：正规出租车都有明码标价，价格一般贴在后门可见的地方。起步价最高为40捷克克朗，每千米价格最高为28捷克克朗。一定要注意，看计价器是否正确计价！您在出发前，也可以询问全程大概价格。许多出租车司机都会说英语，一些还会说德语。

电话/手机

捷克共有三大移动通信供应商，这3家供应商都是国际大公司：西班牙电信（TelefónicaO2）、T-Mobile和沃达丰（Vodafone）的子公司。若您打电话十分频繁，您最好买一张捷克预付费的电话卡：一张电话卡的价格

布拉格天气

	1月	2月	3月	4月	5月	6月	7月	8月	9月	10月	11月	12月
日间气温（°C）	1	3	9	14	19	23	25	24	21	13	7	2
晚间气温（°C）	-4	-3	0	4	9	12	14	14	10	6	2	-2
☀	2	3	4	6	8	8	8	8	6	4	1	1
☂	6	5	6	8	9	9	9	9	7	7	6	7

☀ 每天日照时长 ☂ 每月降雨天数

不超过10欧元，无论在哪家供应商处都可以买到。多数情况下，卡费自动存入卡中作为话费。这些供应商在所有大城市都有分公司。在报刊亭可以买到话费充值卡。捷克电话代码为0042。

小费

餐厅中，结账大多取整数；小费基本为消费额的5%~10%。

住宿

在布拉格，各种等级的住宿随处可见，但是在远离旅游路线的地方住宿不是那么便利。国际连锁酒店品牌只有在布拉格和其他较大城市可以找到，大型膳宿公寓和家庭旅馆在小城市中更加常见。在过去几年中，大多数城市的住宿条件有所改善，但是房屋也变得千篇一律，住宿标准有所下降。所有的私人旅馆，都标着“有空房间”以招揽顾客。您一定要预先看房。在捷克的农场上度假又叫“在Chalupa度假”。几乎每个家庭在乡下都有一个度假屋，他们大多数选择平日里将房子出租出去。度假屋各式各样，从现代的别墅到传统的木架房屋都有。许多家公司将此作为一个吸引顾客的点。

时间

捷克冬令时比北京时间晚7个小时，夏令时比北京时间晚6个小时。

关税

个人消费品在欧洲境内是免税的。最多有800支香烟、10升白酒、20升利口酒、90升葡萄酒和110升啤酒可以属于个人消费品。

货币汇率

1人民币=3.2747捷克克朗

1捷克克朗=0.3054人民币

1捷克克朗=0.0394欧元

1欧元=25.4071捷克克朗

教你当地话

常用表达

是/不是/也许	ano /ne /možná
不用谢。/谢谢。	Prosím./Děkuji.
对不起。	Promiň.
打扰了!	Promiňte!
我可以……吗? /什么?	Můžu …?/Prosím?
我想……/您有……吗?	Chtěl (m)/Chtěla (f) bych …/ Máte …?
……多少钱?	Kolik stojí …?
我（不）喜欢这个。	To se mi (ne) líbí.
好的/坏的	dobře/špatně
坏了/不起作用了	rozbitý/nefunguje
太多了/很多/很少	příliš/moc/málo
全部都/全部都不	všechno /nic
帮帮忙! /注意了! /小心!	Pomoc!/Pozor!/Pozor!
救护车	sanitka
警察/消防	policie/hasiči
禁止/禁止的	zákaz/zakázáno
危险/危险的	nebezpečí/nebezpečný
我可以给您/在这拍照吗?	Mohl (m)/Mohla (f) bych Vás/tady/vyfotit?

您会说捷克语吗?
这里有重要的常用词汇和表达方式。

问候/告别

早上好/日安！/晚上好！晚安！	Dorbé ráno!/Dobrý den!/Dobrý večer!/Dobrou noc!
你好！/再见！	Ahoj!/Na shledanou!
拜拜！	Ahoj!/Čau!
我叫……	Jmenuji se …
您叫什么?	Jak se jmenujete?
你叫什么?	ak se jmenuješ?

询问日期/时间

周一/周二	pondělí/úterý
周三/周四	středa/čtvrtek
周五/周六	pátek/sobota
周日/工作日	neděle/pracovní den
节日	svátek
今天/明天/昨天	dnes/zítra /včera
小时/分钟	hodina/minuta
天/夜/周	den/noc/týden
月/年	měsíc/rok
现在几点了?	Kolik je hodin?
现在3点了。	Jsou tři hodiny.
现在3点半了。	Je půl čtvrté.
3点45	tři čtvrtě na čtyři
4点15	čtvrt na pět

交通

开门/关门	otevřeno/zavřeno
入口/出口	vchod/východ
起飞/降落	odjezd/příjezd
卫生间/女士/先生	toalety/dámy/pánové
（非）饮用水	(ne) pitná voda
……在哪儿?	Kde je ...?
左边/右边	vlevo /vpravo
笔直向前/返回	rovně /zpátky
近的/远的	blízko/daleko
公交车/轻轨/出租车	autobus/tramvaj/taxi
地铁/车站	metro/zastávka
停车位	parkoviště
城市地图/地图	plán města/mapa
火车站/飞机场	nádraží/letiště
时刻表/车票	jízdní řád/jízdenka
单程/往返	jen tam/zpáteční
火车/铁轨	vlak/kolej
站台	nástupiště
我想要租……	Chtěl (m)/Chtěla (f) bych si půjčit ...
汽车/自行车/小船	auto/kolo/lod’
加油站	benzínová pumpa
汽油/柴油	benzín/nafta

餐饮

请您为我们今晚预订一张四人餐桌。	Rezervujte nám, prosím, stůl pro čtyři osoby na dnes večer.
请拿菜单。	Jídelní lístek, prosím.
我想要点……	Dal (m)/Dala (f) bych si ...
盐/胡椒/糖	sůl/pepř/cukr
牛奶/奶油/柠檬	mléko/smetana/citron
（不）带气的水	(ne) perlivá voda
素食者/过敏	vegetarián (ka)/alergie
我想要结账。	Chtěl/Chtěla bych zaplatit, prosím.
账单/小费	účet/spropitné

购物

我想要……/我正在找……	Chtěl (m)/Chtěla (f) bych .../Hledám ...
药店/美容、保健品药店	lékárna/drogerie
面包房/市场/报刊亭	pekárna/trh/kiosk
购物中心	nákupní centrum
日用品商店	potraviny
100克/1千克	deset deka /jedno kilo
昂贵/便宜/价格	drahý/levný/cena
多一些/少一些	víc/míň
有机日用品	bio potraviny

捷克

住宿

我预订了一个房间。	Rezervoval (m)/Rezervovala (f) jsem si pokoj.
您还有……吗?	Máte ještě …?
单人间	jednolůžkový pokoj
双人间	dvoulůžkový pokoj
早餐/食宿全包	snídaně/plná penze
淋浴/浴缸	sprcha/koupelna
阳台/露台	balkón/terasa
钥匙/房卡	klíč/pokojová karta
行李/箱子/手提包	zavazadlo/kufr/taška

银行/货币

银行/自动柜员机	banka/bankomat
密码	PIN
我想换……欧元。	Chtěl (m)/Chtěla (f) bych vyměnit … eur.
现金/芯片（信用）卡	hotově/ec- (kreditní) karta
纸币/硬币	bankovka/mince
零钱	drobné peníze

健康

医生/牙医	lékař/zubař
医院	nemocnice
发烧/疼痛	horečka/bolesti
腹泻/呕吐	průjem/nevolnost
止痛片/药片	lék proti bolesti/prášek

电话/媒体

邮票/信	známka/dopis
明信片	pohlednice
我需要一张电话卡来上网。	Potřebuji telefonní kartu na pevnou linku.
我在哪里可以接入网络?	Kde najdu připojení na internet?
@符号	zavináč
电子邮箱地址	e-mailová adresa
网络连接/无线网络	připojení na internet/wifi

户外活动

缆车/吊椅索道	lanovka/sedačková lanovka
（庇护）小屋/雪崩	horská chata/lavina

数字

0	nula	15	patnáct
1	jeden (m)/jedna (f)/jedno (n)	20	dvacet
2	dva (m)/dvě (f+n)	21	dvacet jedna
3	tři	30	třicet
4	čtyři	50	padesát
5	pět	100	sto
6	šest	200	dvě stě
7	sedm	1000	tisíc
8	osm	2000	dva tisíce
9	devět	10000	deset tisíc
10	deset	1/2	půl
11	jedenáct	1/4	čtvrt

索引

在此可查询书中涉及的重要地名和景点，后附相关页码。

图片来源

封面图片： 玛丽亚温泉市的柱廊（huber-images：R. Schmid）

图　　片： DuMont Bildarchiv（P.125）；R. Freyer （P.30 左）；Getty Images：O. Cech（P.102/103），M. Divizna（P.122，P123），Maremagnum（P.16），O. Nikishin（P.24），W. Skrypczak（P.95）；Getty Images/AFP：M. Cizek（P.21上）；Getty Images/Champions Hockey League/Spart Prague（P.27）；Getty Images/UIG：PYMCA（P.123）；huber-images：M. De Santis（P.58/59），Gräfenhain（P.74），Kaos（P.98），H.-P.Merten（P.10/11），R. Schmid（P.1，P.17，P.8/9，P.34/35，P.50/51，P.55，P.64/65）；© iStockphoto/morganl（P.20中）；K. Kirchgeßner（P.5右上）；Laif：S. Bungert （P.84），M. Gonzalez （P.22/23），P. Hirth（P.44/45，P.72），B. Jonkmanns（P.114/115），D. Schwelle（P.63，P.66），G. Welters（P.86）；Laif/Le Figaro Magazine：Martin（P.52）；Look：E. Fleisher（P.122），F. M. Frei（P.70/71，P.124上），R. Martini（P.77），I. Pompe （P.33）；Look/Travel Collection（封二右）；Maitrea Restaurant：Rene Jakl（P.20上）；mauritius images：R. Mattes（P.69）；mauritius images/age（P.18）；mauritius images/Alamy：R. Beznoska（P.101），J. Pie（P.110/111），S. Reddy（P.28/30）；mauritius images/Alamy/isifa Image Service（P.15，P.106）；mauritius images/Alamy/Wild Places Photography：C. Howes（P.42）；mauritius images/foodcollection（P.31）；mauritius images/imagebroker：BAO（P.41），M. Blume （P.3，P.118/119），L. Gigerichova（P.7，P.60）；mauritius images/imagebroker/gourmet-vision（P.30右）；mauritius images/nature picture library/Wild Wonders of Europe：Ruiz（P.13，124下）；mauritius images/Pixtal（P.92)；mauritius images/Profimedia（P.19，120）；Mosaic House：Cat Norman（P.21下）；picture-alliance/CTK：R. Fluger（P.14）；T. Stankiewicz（P.32，P.91，P.96/97）；vario images/allOver images（P.6，P.89）；vario images/imagebroker（P.38）；vario images/Profimedia（封二左，P.32/33，P.48，P.53，P.78，P.81，P.82/83）；vario images/RHPL（P.36）；Wellness Hotel Bahenec（P.20下）；DuMont Bildarchiv：Peter Hirth（P.11）

禁忌事项

肉丸和炸猪排一起点

就算捷克人将肉丸和炸猪排都视为本国特色食品，您也不要两种一起点！捷克人会认为您是在美食方面的门外汉。肉丸一般与带有大量酱料的主菜一起点，如烤牛肉（Svíčková）或是辣味红烧肉。在许多餐厅中，您可以单点配菜。

说“捷克”

人们在口语中经常称捷克共和国为捷克——政治上这其实是不正确的。捷克一词来源于第三帝国时期，希特勒将捷克共和国蔑称为“捷克斯洛伐克剩余的部分”，您最好称捷克为捷克共和国。

贿赂警察

如果遇上交通检查，您违反了小的规章制度，最好不要试图用金钱贿赂当地警察。大多数当地警察不会容忍这种事情的出现，您还会因此多一项“贿赂未遂”的罪名。

打黑车

尤其是在布拉格，黑车司机较多。为什么政府不采取有效措施治理这一现象，至今仍不为公众所知。您最好不要打黑车。建议您在酒店前台叫车。

被拉进不可靠的酒吧

哪里有游客，哪里就会有拉客的人，他们试图说服您去迪斯科舞厅、酒吧或者是夜店。您最好不要被他们拉进去，因为这些娱乐场所都会漫天要价、拼命宰客。这种情况不止发生在布拉格。

购买华而不实的纪念品

在布拉格游客最多的街道上有许多敲竹杠的骗子。他们兜售波希米亚水晶、木偶和类似的东西。若您真的想购买一些小礼物，您最好远离热闹的街道，去小商店看看，那里面东西的质量往往更好，价格也更便宜。

带搭车的人过境

搭车出行在捷克仍然十分普遍，许多学生都会等在马路边，希望有人可以载他们一程。大多数情况下是没有问题的，您也可以借此机会聊聊天。但是，带不认识的人越过边境若出现问题，则要自己承担后果。